Nicoletta Piccardo – Laura Barbasio

# CURRÍCULUM VÍTAE
# EN INGLÉS

dve
PUBLISHING

*Traducción de M.ª Jesús Fenero Lasierra.*

*Diseño gráfico de la cubierta de Design 3.*

© Editorial De Vecchi, S. A. 2018
© [2018] Confidential Concepts International Ltd., Ireland
Subsidiary company of Confidential Concepts Inc, USA
ISBN: 978-1-68325-804-9

# INTRODUCCIÓN

¿Por qué escribir un currículum vítae en inglés? ¿Cuáles son las ventajas de trabajar en el extranjero? ¿Existen sectores de nuestro mercado laboral que parecen inaccesibles si no se cuenta con una vasta experiencia? Todo aquel que espera en un futuro próximo continuar su formación, encontrar una empresa en la que realizar unas prácticas para cimentar los estudios cursados, buscar un trabajo durante el verano o una ocupación con más estabilidad, ¿por qué no considera la posibilidad de poder hacerlo en otro país?

Pudiera ser que alguna de sus habilidades fuese poco habitual en Gran Bretaña o Estados Unidos, y por ello muy buscada. O pudiera ser que en esos países ser español fuera una ventaja en determinados sectores laborales.

Los estudiantes, los jóvenes que tratan de realizar prácticas para «consolidar» la titulación antes de ingresar de pleno en el mundo laboral, o quienes están buscando una experiencia para enriquecer su trayectoria profesional, pueden encontrar la solución yendo al extranjero. Hacerlo les permitirá completar su formación, dar los primeros pasos en la vida laboral y satisfacer el deseo de vivir nuevas experiencias.

¿Hay alguien dispuesto a realizar una parte de sus estudios fuera de España? Si es así, seguro que estará interesado en proponer su candidatura a una universidad y encontrar un trabajo que le permita ganar algo de dinero, sobre todo si el país elegido es Estados Unidos, donde los gastos de matrícula y alojamiento resultan bastante caros.

Por otro lado, para quien quiera cambiar de trabajo, sueñe con multiplicar sus posibilidades de éxito profesional o esté desanimado por los fracasos sufridos buscando empleo en España, la idea de trabajar en países como Gran Bretaña o Estados Unidos resultará muy alentadora.

Trabajar en una multinacional o en una empresa de grandes dimensiones con filiales en el extranjero facilita el traslado a otro país. En ocasiones basta simplemente con hacer la solicitud. En estos casos, es muy recomendable dejar patente el conocimiento que se posee de la sociedad del país de destino: su funcionamiento, sus normas y su lengua. Una alternativa es conseguir un puesto de trabajo en una empresa británica o estadounidense.

Veamos algunas consideraciones generales para quien quiera dejar su país por motivos de trabajo. El sector que ofrece mayores oportunidades laborales, en el extranjero en general y en los países anglosajones en particular, es, sin duda, el turismo, pero también presentan muy buenas perspectivas la docencia, la restauración y el comercio. Asimismo, se puede encontrar trabajo en las organizaciones culturales y en las que promueven intercambios internacionales.

Entre el resto de sectores de empleo destaca la informática, cuyas ofertas son muy numerosas: representan el 10 % del total, según datos facilitados por centros de estudios internacionales dedicados a analizar la necesidad de profesionales de las empresas.

En cualquier caso, sean cuales sean los proyectos, salir al extranjero ofrece ventajas considerables. En primer lugar, es una buena oportunidad de enriquecimiento, tanto profesional como personal, porque permite aumentar los conocimientos lingüísticos y descubrir una cultura y un modo de trabajar totalmente nuevos.

Por otro lado, el currículum mejorará sin duda gracias a esta experiencia. El conocimiento de una cultura extranjera es una buena baza que pondrá de manifiesto la curiosidad, la adaptabilidad y el dinamismo de cualquier candidato. Todos estos son aspectos que harán interesante su candidatura, incluso cuando se proponga a una empresa española. Asimismo, contará con la importante ventaja de hablar otra lengua, factor muy valioso hoy en día para las empresas, debido a los efectos de la globalización de los mercados y del progreso tecnológico, dos fenómenos que, junto a la difusión de Internet, hacen cada vez más necesario el conocimiento de lenguas extranjeras, en especial del inglés. A todo ello hay que añadir que podrá beneficiarse del «efecto sorpresa», es decir, probablemente el seleccionador no esperará recibir la candidatura de una persona que ha vivido en el extranjero durante un tiempo.

En cuanto a las empresas extranjeras, hay que decir que la curiosidad del seleccionador ante un candidato de este tipo constituye un buen punto de partida. En la entrevista de trabajo el candidato debe resaltar de entre todas sus aptitudes las que mejor se adapten a las normas y costumbres del país en cuestión, y respetar un cierto número de requisitos propios del lugar. Por lo tanto, conviene que adapte su currículum y la carta de presentación, redactándolos de nuevo, no limitándose solamente a traducirlos.

Es evidente que, si los criterios de selección varían de un país a otro, las reglas de presentación y redacción del currículum conllevan también diferencias notables, que es indispensable conocer y respetar. Así, por ejemplo, si un candidato se propone a una empresa estadounidense conviene que ponga énfasis en las cualidades de fuerza, dinamismo y determinación. En cambio, en Gran Bretaña no es aconsejable, pues este modo de presentarse se considera vulgar y fuera de lugar. Del mismo modo, mientras en España la formación tiene una importancia fundamental, en Estados Unidos cuenta sobre todo la experiencia. Sin embargo, en todos los casos es aconsejable señalar las virtudes y dejar claros los deseos de conocer nuevas gentes y culturas (quizás hablando con entusiasmo de los viajes realizados).

El objetivo de este libro es familiarizar al lector con los criterios de evaluación del currículum que imperan en Gran Bretaña y Estados Unidos, y ayudar a quien lo desee a redactar un currículum que, esperemos, le ayude a obtener un puesto de trabajo.

# REGLAS FUNDAMENTALES PARA ESCRIBIR UN BUEN CURRÍCULUM

Para escribir un currículum vítae eficaz, que consiga que el seleccionador lo lea con atención e interés, es necesario seguir algunas reglas fundamentales.

## «Calibrar» el currículum

Con independencia de que el candidato responda a un anuncio o sea él mismo quien proponga su candidatura, el currículum debe adecuarse, en la medida de lo posible, al destinatario, o, lo que es lo mismo, «calibrarlo» a sus necesidades. Para conocerlas conviene recabar la mayor cantidad posible de datos sobre la empresa, sus productos, sus servicios, su evolución, sus dimensiones y, si es posible, sobre la persona con la que se debe contactar, el titular, el responsable de personal o el seleccionador de una empresa especializada en selección de personal. Por tanto, es completamente desaconsejable redactar un currículum estándar para enviar a todas las empresas, que no tenga en cuenta la función que se quiere desarrollar en cada una de ellas, sus dimensiones y el sector en el que opera.

## Hacerlo «seductor»

Un buen currículum, acompañado de una carta de presentación eficaz, puede ser el pasaporte que permita al candidato entrar donde quiere. El objetivo del currículum es despertar la curiosidad del seleccionador para animarlo a saber más sobre su figura profesional. Se trata de seducir, pero sin aburrir. Si el currículum es demasiado detallado, se corre el riesgo de que el seleccionador considere que no queda nada por descubrir. Del mismo modo, si no es lo suficientemente estimulante, tal vez pierda el interés por conocer más acerca del candidato en una entrevista personal. Dispone de pocas páginas (lo ideal sería sólo una) para convencer al seleccionador de la necesidad de fijar una cita y, al mismo tiempo, para dejar claros sus puntos fuertes frente al resto de los candidatos que compiten por el mismo puesto.

# Mostrar la competencia profesional

La elaboración del currículum empieza por la presentación de la competencia profesional. En primer lugar, se deben anotar todas las experiencias personales y, sobre todo, laborales, sin perder nunca de vista el puesto al que se va a optar dentro de la empresa. Después de poner por escrito todos los datos que se consideran interesantes, hay que ordenarlos en función de su importancia y estudiar su grado de adecuación al puesto de trabajo al que se aspira.

Este breve balance de la competencia muestra los puntos fuertes y los débiles, y permite descubrir los motivos de los posibles fracasos anteriores, así como definir las características personales que se pondrán de manifiesto durante una hipotética entrevista.

Si este ejercicio parece demasiado complicado o se considera que no se posee la habilidad para realizarlo adecuadamente, se puede pedir ayuda a los orientadores de las oficinas de empleo del INEM, que existen en todas las capitales de provincia y en grandes poblaciones, o bien recurrir a los servicios de asesoramiento de las organizaciones sindicales o a estudios de asesoría privados. Lo importante es considerar el análisis de la propia competencia como un trabajo esencial que se debe desarrollar con método y atención.

# La sinceridad

Una vez finalizado el balance de la competencia, empieza la redacción del currículum propiamente dicho. En esta fase la honestidad es la regla básica, que se debe respetar en cada apartado del currículum. Aunque están permitidas las omisiones, por ejemplo, en caso de desocupación prolongada, sin embargo las mentiras están prohibidas. Inventar titulaciones o experiencias profesionales no es conveniente porque el seleccionador, aunque sea extranjero, puede comprobar la veracidad de lo expuesto en el currículum.

# El tono

El tono del currículum debe estudiarse con cuidado. En primer lugar, hay que evitar caer en el sentimentalismo y no mencionar nada sobre la vida privada, ni justificar la solicitud de trabajo con una situación personal difícil. Los términos negativos como, por ejemplo, confusión, cansancio, problemas, dificultades u obstáculos, deben eliminarse, así como expresiones del tipo Desocupado desde hace poco, que pueden sugerir una situación algo desesperada.

No se debe olvidar nunca que el candidato no es sólo una persona que busca trabajo sino, principalmente, un trabajador que posee cualidades apreciables y necesarias para la empresa. Estar seguro de las propias capacidades y convencido

de ser una persona competente tiene en muchos casos el poder de persuadir al seleccionador.
Sin embargo, atención: si bien es cierto que se debe ser consciente de la propia valía, esto no significa que el candidato pueda dedicarse a elogiarse. Es labor del seleccionador, y no suya, evaluar qué sujeto es el más preparado y profesional, cuál es el más indicado para cubrir el puesto que se propone. No hay que utilizar, por tanto, un vocabulario «presuntuoso» y términos como vencedor, combativo. Palabras que, sin ejemplos concretos, no significan mucho y que sería mejor sustituir por hechos y experiencias más específicos.

## El estilo

El currículum debe tener un estilo conciso. En efecto, el seleccionador no está dispuesto a conceder más de unos minutos a leerlo, junto a la carta que lo acompaña. Por consiguiente, no debe ocupar más de tres páginas para no desanimar de entrada al lector. Son preferibles las frases cortas que las florituras literarias, el estilo sencillo que el lenguaje ampuloso, la concisión que la prosa demasiado elaborada. Sin embargo, la sencillez no implica descuidar el lenguaje. Deben evitarse los términos familiares y, sobre todo, los vulgares. Se huirá del mismo modo de la terminología demasiado específica del mundo empresarial que podría ser incomprensible para el propio seleccionador. El uso de adjetivos también merece la máxima atención: ¿aportan realmente una información adicional o sólo sirven para embellecer la trayectoria profesional? En esta línea, es mejor insistir en los verbos, especialmente en los

### ⇒ Ejemplos

**A. En pasado:**

| | |
|---|---|
| Managed a team of 35 persons | *(He dirigido un equipo de 35 personas)* |
| Defined and implemented a new employment policy | *(He preparado y definido una nueva estrategia de selección de personal)* |

**B. En presente:**

| | |
|---|---|
| Handle contacts with the customers | *(Me ocupo de los contactos con los clientes)* |
| Make presentation of turn-key plants to potential customers | *(Presento los establecimientos/ instalaciones principales a los clientes potenciales)* |
| Prepare and deliver briefings to sales agents | *(Preparo y explico las instrucciones a los vendedores)* |
| Draft reports on the sales agent's activities | *(Redacto informes sobre las actividades de los vendedores)* |

de acción: to achieve, to conceive, to conduct, to contribute to, to control, to coordi-
nate, to create, to define, to demonstrate, to design, to determine, to develop, to
employ, to establish, to generate, to identify, to introduce, to lead, to manage, to nego-
tiate, to organize, to participate, to produce, to recruit, to research, to save, to supervise, to test...
Es importante conservar el mismo tiempo y persona verbales desde el principio
hasta el final del currículum. De las preferencias personales del candidato depende
elaborar una lista con la experiencia profesional o formativa utilizando verbos en
pasado o redactar el currículum por ambitos de ejercicio laboral en tiempo presente.
Por último, hay que recordar que los errores de ortografía o de sintaxis pueden
obstaculizar el acceso al puesto de trabajo. Es conveniente leer y releer el currículum y enseñarlo a personas de confianza, no sólo para evitar olvidos, sino
también repeticiones.

## La forma

El aspecto formal del currículum debe ser el reflejo de la claridad y la capacidad expo-
sitivas del candidato. Por tanto, tiene que ser legible y «ligero». En el momento de
escribirlo conviene no olvidar nunca que se trata del primer contacto con el seleccionador de personal. Por consiguiente, un documento mal presentado puede desanimar
al lector e implicar automáticamente la exclusión de su autor de la lista de candidatos.
Hay algunas reglas básicas que no pueden saltarse. En primer lugar, se debe evitar
la excesiva originalidad. Por supuesto, es importante atraer la atención del lector,
pero esto no justifica una presentación demasiado imaginativa. La creatividad no es
siempre un criterio apreciable para el seleccionador. Es preferible respetar algunas
reglas en lo que a formato, presentación de la página y calidad del papel se refiere:
formato A4, presentación vertical y papel y tinta estándar (sin colores extravagantes
ni folios cuadriculados).
Un currículum que contenga tachones o, mucho peor, manchas será sin duda arro-
jado a la papelera, antes incluso de ser leído. Por otra parte, se desaconseja totalmente enviar un currículum manuscrito o una fotocopia, o imprimir el documento
por ambas caras del papel. El tamaño de la letra utilizada también tiene su importancia: no debe ser demasiado pequeño porque no puede leerse bien, ni demasiado
grande ya que el lector podría pensar que intenta compensar una experiencia y una
formación limitadas. Tampoco hay que olvidar asignar títulos a los diversos apartados porque así se aprecia con un simple vistazo la estructura del currículum. Y no
hay que olvidar utilizar la negrita para señalar los puntos más importantes de la
trayectoria profesional.
Por último, es innecesario precisar que se trata de un currículum escribiendo
Currículum vite como encabezamiento, pues es razonable imaginar que eso es lo
que el seleccionador espera leer. En cuanto a la fotografía, es mejor no incluirla,
a menos que se solicite expresamente; de ser así, lo mejor es recurrir a un fotó-
grafo profesional.

# EL CONTENIDO DEL CURRÍCULUM

Después de decidir y cuidar la forma que se va a dar al currículum, es esencial pensar atentamente en el contenido, en lo que se desea comunicar a la empresa.

## Los datos personales *(Personal details)*

En primer lugar, se escriben el nombre y los apellidos, seguidos de la dirección. A continuación, el número de teléfono, el móvil, el fax y la dirección de correo electrónico. Debemos señalar que indicar el número de teléfono del trabajo, a menos que comprometa la relación con la empresa en la que se está trabajando en ese momento, puede presentar ciertas ventajas: permite estar localizable todo el día e indica que no es posible incorporarse al trabajo inmediatamente y que la búsqueda de empleo no es urgente.

Es preferible escribir la edad en vez de la fecha de nacimiento, porque evita realizar molestos cálculos a quien lo lea. Sin embargo, en algunos casos citar la edad puede desfavorecer al candidato.

Del mismo modo, es mejor omitir la situación familiar, si puede ser motivo de prejuicios; en cambio, es aconsejable contar que no se tienen hijos de corta edad con el fin de ofrecer gran disponibilidad.

Por último, es importante citar la nacionalidad. Y, por el contrario, no hay que dar datos como el número de código fiscal, el documento nacional de identidad o el permiso de conducir.

→ **Ejemplo**

Juan Bravo López
C/ Rosales, 25
08025 – Barcelona
España
Teléfono domicilio: 534 526 285
Teléfono oficina: 533 477 125

## Los objetivos profesionales *(Objetives)*

En este apartado se especifica la función que se desea cumplir en la empresa. Debe colocarse al comienzo del currículum, después de los datos personales, para despertar inmediatamente la atención del seleccionador y permitirle conocer enseguida las aspiraciones del candidato.

Hay que precisar, en una descripción breve, el sector de producción que interesa y el tipo de actividad profesional que se puede desempeñar. Lo ideal sería adecuar los objetivos del candidato a las necesidades de la empresa poniendo énfasis en la aportación que puede suponer para esta.

Las ambiciones personales deben estar siempre en consonancia con la competencia que se posee. Si no se tiene un objetivo bien determinado, se puede omitir este apartado. Asimismo, conviene evitar ser demasiado preciso para no quedar descartado de un puesto de trabajo, tal vez no del todo acorde a las capacidades y la experiencia que se tienen, pero económicamente interesante.

## Ejemplos

| | |
|---|---|
| Sales manager | *(Director de ventas)* |
| *O bien:* Position as personnel manager utilizing organisational skills acquired during 20 years experience | *(Puesto de director de personal para poner en práctica mi capacidad organizativa adquirida en 20 años de experiencia)* |

# La experiencia profesional *(Work experience)*

Antes de empezar, hay que decidir un método para la presentación de la experiencia profesional. Se puede elegir entre tres: por orden cronológico, por orden cronológico inverso (es decir, comenzando por la experiencia más reciente) o por ámbitos de ejercicio laboral.

## Por orden cronológico

El orden cronológico es el método más clásico. Se enumeran las experiencias profesionales de la más antigua a la más reciente. De este modo el candidato muestra cómo ha iniciado su experiencia y hasta dónde ha llegado. Esta ordenación es especialmente conveniente para los jóvenes titulados y para aquellos que quieren cambiar su trayectoria profesional, porque resulta menos evidente que no tienen demasiada experiencia en el nuevo trabajo.

## ⇒ Ejemplos

**1990**

| | |
|---|---|
| Employee in SEAT (car factory) maintenance department, Barcelona | *Empleado en el departamento de mantenimiento de SEAT (fábrica de automóviles), Barcelona* |
| Designed a maintenance specifications list for conveyors, hoisting devices and forklift trucks | *He proyectado un módulo de especificaciones para el mantenimiento de cintas transportadoras, dispositivos de elevación y carretillas elevadoras* |

**1995**

| | |
|---|---|
| Ten weeks traineeship in a shipbuilding yard in Cádiz (Spain), assembly shop | *Diez semanas de prácticas en la zona de montaje de un astillero de Cádiz* |

**2000**

| | |
|---|---|
| Responsible for writing users' instructions and maintenance instructions for automated testing benches to test watertightness and resistance of various components | *Responsable de la elaboración de las instrucciones de uso y mantenimiento de los bancos de pruebas automáticos para probar la estanqueidad y la resistencia de varios componentes* |
| Apprenticeship in a British company manufacturing spare parts for the car industry | *Prácticas en una empresa británica dedicada a la fabricación de componentes para la industria automovilística* |

## Por orden cronológico inverso

El método cronológico inverso pone el énfasis en las últimas experiencias profesionales que, por lo general, son las más interesantes, e invita a leer el resto. Está especialmente indicado para aquellas personas que han cambiado frecuentemente de trabajo y para las que han estado desocupadas mucho tiempo. Poner de manifiesto las experiencias más recientes da una impresión de superación.

## ⇒ Ejemplos

| **Since August 1993** | **Desde agosto de 1993** |
|---|---|
| Responsible for quality control and management in a company manufacturing fruit juices and jams | *Responsable del control y la gestión de calidad en una empresa productora de zumos de fruta y mermeladas* |
| • provide assistance and advice to sales and marketing teams | • *proporciono asistencia y consejo al equipo de vendedores y de marketing* |

- analyse non quality costs
- *analizo los costes de falta de calidad*

- improved the existing organisation system thanks to new production processes
- *he mejorado el sistema organizativo existente gracias a un nuevo proceso de producción*

- increased sales by 25 %
- *he aumentado las ventas en un 25 %*

**1991-1992**
Assistant to the sales manager of a biscuit factory

*Adjunto del director de ventas en una fábrica de galletas*

- developed an extensive customer base through business contacts with con
  a wide range of discounters and wholesale dealers

- *he creado una gran cartera de clientes gracias a los contactos comerciales*
  *una amplia gama de almacenistas y mayoristas*

## Por ámbitos de ejercicio laboral

También se puede optar por una exposición por temas y sin referencias temporales, que clasifica las experiencias profesionales en función de los ámbitos laborales donde se han desarrollado. Este tipo de exposición presenta indudables ventajas para quienes hayan pasado largos periodos de inactividad (como los datos son menos evidentes, se pueden enmascarar los «huecos» en la trayectoria profesional) y para los candidatos al primer empleo. Además, cuenta con la ventaja de señalar inmediatamente los distintos campos laborales y permite omitir algunas experiencias en función del puesto al que se opte. Sin embargo, este método presenta el inconveniente de no suministrar al seleccionador las referencias temporales.

## Ejemplos

**Bookkeeping**
- Handle customers' accounts

**Contabilidad**
- *Gestión de la situación contable de los clientes*

- Manage invoicing disputes
- *Gestión de los desacuerdos de facturación*

- Handle suppliers' bookkeeping
- *Gestión de la contabilidad de los suministradores*

**Secretarial job**
- Record and follow-up customers orders

**Secretaria**
- *Registro y expedición de los pedidos de los clientes*

- Answer the phone
- *Atención de la centralita*

- Organise the manager's diary
- *Organización de la agenda del director*

El candidato no debe dudar jamás en valorar los resultados conseguidos en el ejercicio de su trabajo. Declarar que ha desempeñado un cierto cargo no basta para señalar sus capacidades personales. Por tanto, es preferible que describa también los resultados que más le enorgullezcan, que mencione las iniciativas que ha tomado y las pruebas superadas, así como a los competidores con los que ha tenido que medirse. También es recomendable que indique en qué medida ha supuesto una ayuda valiosa para las empresas en las que ha trabajado: quizás ha sido capaz de reducir los costes de producción o de personal, o aumentar la facturación, o incluso disminuir los tiempos de producción. En definitiva, le conviene indicar las mejoras concretas que pueda atribuirse como, por ejemplo, la reorganización de un servicio o el desarrollo de una técnica nueva de comunicación. Tampoco debe pasar por alto las posibles innovaciones a él debidas: nuevos proyectos, tecnologías, procesos... Si se posee escasa experiencia profesional (como en el caso de los jóvenes recién titulados), se debe hablar de las prácticas y la destreza adquirida en ellas, de los trabajos realizados durante los periodos vacacionales o de las iniciativas de voluntariado.

Este apartado debe proporcionar una imagen clara y positiva del candidato. Para ello hay que evitar siempre la mención a las posibles causas de despido o renuncia. Este asunto se tratará durante la entrevista posterior, y sólo si el seleccionador formula preguntas al respecto. Del mismo modo, es recomendable dejar sin precisar los aspectos retributivos.

Por último, hay que tener cuidado de no aburrir al lector con detalles inútiles, pero es necesario, sin embargo, indicar el nombre de las empresas para las que se ha trabajado y describirlas, explicar el significado de sus siglas, cuáles son sus sectores de actividad, qué número de empleados tienen y, en ocasiones, cuál es su facturación. Las personas que hayan trabajado en varias empresas en el mismo año deben indicar la duración de cada experiencia laboral en meses.

## La formación *(Education)*

Describir la formación personal no significa elaborar simplemente una lista de los títulos obtenidos, sino subrayar la competencia adquirida en el recorrido formativo. Habitualmente en este apartado se adopta el orden cronológico inverso, es decir, se empieza citando los últimos títulos conseguidos. Hay que ser selectivos: citar sólo los cursos relacionados con el puesto de trabajo al que se aspira, no los cursos breves, en ocasiones de sólo dos días, que no conceden ningún título y sin relación alguna. También es oportuno mostrar que se ha seguido una trayectoria formativa acorde con el puesto al que se opta.

Asimismo, es una buena idea describir las iniciativas formativas en las que se ha tomado parte durante los estudios, así como las prácticas y los seminarios, sin olvidar la formación complementaria como, por ejemplo, la informática, pero sólo si no está incluida en la programación de los estudios obligatorios y si constituye realmente un complemento a la propia formación. Además, es importante explicar las siglas de las escuelas y organismos donde se han cursado estudios, sobre todo si son poco conocidos. Si se acaba de obtener la titulación, es aconsejable colocar este apartado al comienzo del currículum para interesar inmediatamente al interlocutor, puesto que, en este caso, la formación constituye el aspecto más importante del bagaje profesional.

**➡ Ejemplo**

**Título:** four years university Degree in Economics and Marketing
**Especialización:** one year post-graduate Degree in Economics and Marketing

## Los conocimientos de idiomas *(Foreing languages)*

Por supuesto, toda persona que se presente a un trabajo en un país anglófono debe cuidar este apartado especialmente. No basta con suponer que el seleccionador sabrá que el candidato es bilingüe por el mero hecho de que haya redactado el currículum en inglés. Cualquiera podría haberlo hecho en su lugar.
Tendrá que indicar con exactitud su nivel de conocimiento de la lengua (básico, fluido, profesional, bilingüe) y precisar si es capaz de arreglárselas también con la terminología técnica o muy específica.
Conviene demostrar interés por el país en el que se desea trabajar, sobre todo si se dispone de conocimientos específicos en arte, economía, geografía, política, etc. Se pueden citar las suscripciones a revistas británicas o estadounidenses, las estancias en el extranjero o las experiencias profesionales en otro país, pero con honestidad, es decir, sólo si es cierto. Durante la entrevista, nada resulta más fácil para el entrevistador que juzgar los conocimientos lingüísticos reales del candidato.

**➡ Ejemplo**

**Idiomas:** fluent English
Good knowledge of French

## Las habilidades especiales *(Special skills)*

En este apartado se pueden citar los conocimientos que no se incluyen en la formación académica y las habilidades y aptitudes más destacables del candidato. Pueden parecer totalmente secundarios, pero permiten distinguir a un candidato de otro. Por ejemplo, es beneficioso citar un curso de informática del que se tiene el correspondiente certificado de asistencia, o la habilidad para redactar textos (si se tienen, deben incluirse los títulos de publicaciones) o hablar en público. También se pueden señalar las aptitudes personales para la organización de reuniones, seminarios, etc.

Data processing: Word, Excel, Works, WordPerfect

First Aide Certificate

Qualified assistant in scuba diving *(inmersiones subacúaticas)*

# Varios: intereses personales *(Hobbies, activities and interests)*

Este apartado sirve, una vez más, para distinguir a un candidato de los demás y poner de manifiesto los puntos fuertes de su profesionalidad. Resulta esencial en los jóvenes recién licenciados, puesto que, al no ser posible estimar su experiencia profesional, se valoran precisamente sus características personales.

Los intereses personales permiten, por una parte, completar un currículum algo escaso y, por otra, destacar las aficiones, habilidades y actividades no formativas. Por tanto, la originalidad resulta importante. De poco sirve desvelar el amor por la lectura y el cine, porque son aficiones muy generalizadas. Es mejor ser más precisos: por ejemplo, en lugar de decir que le gusta viajar, el candidato puede hablar de la práctica de trekking en el corazón del Sahara o de la vuelta al mundo en ciclomotor. No debe citar su interés por la lectura, a menos que sea un auténtico apasionado de la poesía inglesa medieval o de la literatura congoleña. Le será inútil mencionar que practica un deporte, a no ser que se trate de alguno poco conocido o que lo haga a un alto nivel. También se pueden incluir las actividades de voluntariado desempeñadas y los clubes o asociaciones a cuya formación se ha contribuido valiosamente.

En todos los casos, las aficiones que se citen deben estar en consonancia con el puesto de trabajo deseado. Por ejemplo, si se aspira a un cargo de jefe de un equipo o a un trabajo que se desarrolla en contacto con el público, será recomendable no hablar de la pasión por los sellos o la pesca, porque podría parecer que el candidato es alguien que aprecia la soledad.

Por último, no conviene dar la sensación de que se hacen demasiadas cosas. Al presentar un gran número de pasiones variadas se corre el riesgo de que el seleccionador cuestione las ganas reales de trabajar del candidato.

Volunteer work: I organise concerts and shows for elderly people in an old people's home

*(Actividad de voluntariado: organizo conciertos y exposiciones para ancianos en una residencia)*

Watercolour: I display my work once a year in a gallery in Madrid

*(Acuarela: expongo mis trabajos una vez al año en una galería de Madrid)*

# EL CURRÍCULUM EN INGLÉS

Después de tratar en los dos capítulos anteriores la forma y el contenido del currículum en general, vamos a analizar ahora las características especiales del currículum en inglés, las diferencias de presentación y de redacción con respecto al español.

## La lengua

Obviamente está de más precisar que el inglés del currículum debe ser impecable. Los anglófonos (británicos o estadounidenses) normalmente tienden a creer que todo el mundo habla inglés. Así que no son en absoluto indulgentes con los errores de estilo o gramática, incluso pueden llegar al punto de imaginar que si el candidato no habla perfectamente inglés, quizá se debe a que es perfectamente estúpido. Teniendo en cuenta, por tanto, que el conocimiento de la lengua es una condición sine qua non para la contratación, la regla básica consiste en que alguien que tenga el mismo nivel de inglés que de castellano corrija el currículum.

## La presentación

Un currículum enviado a Gran Bretaña no debe nunca exceder las tres páginas y respetar, en la medida de lo posible, las tres reglas de presentación del currículum en español, es decir, no estar manuscrito, ser de fácil lectura y estar presentado de manera clara y simple; por último, el orden de los apartados es más o menos el mismo que en el español.

## El estilo

Deben evitarse siempre expresiones pesadas y frases hechas, en beneficio de un estilo telegráfico. Los verbos de acción se utilizan sin pronombre personal (managed a team of 30). Los británicos, a diferencia de los estadounidenses, son poco partidarios del estilo pedante, por lo que conviene no destacar las cualidades personales de forma ostentosa. Asimismo, es importantísimo evitar cualquier referencia al dinero, lo que constituiría una vulgaridad imperdonable.

# Los apartados del currículum en inglés

Una vez señaladas las diferencias formales con respecto al currículum español, debemos repasar detalladamente las diferencias de contenido de un currículum en inglés.

## Los datos personales *(Personal details)*

Este apartado, a grandes rasgos, contiene los mismos datos que en un currículum español: nombre y apellidos, dirección y número de teléfono privado y profesional (home/office) del candidato. Se aconseja citar la edad o la fecha de nacimiento del siguiente modo: 5th January, 1965; o 5 January 1965; o born 05-01-1965; o 36 years old. Además, hay que precisar la nacionalidad para evitar cualquier malentendido, porque incluso el inglés más apasionado por España puede no saber en qué país se encuentra el pueblo de Navalcarnero. El estado civil, por el contrario, es opcional.

→ **Ejemplos**

| | |
|---|---|
| I would enjoy working in an engineer position/as an engineer | *(Me gustaría trabajar de ingeniero)* |
| A position in sales | *(Un puesto en el departamento de ventas)* |
| To get a position with a company, an industry | *(Obtener un puesto en una empresa, una industria)* |
| To use my experience in... | *(Aprovechar mi experiencia en el sector de...)* |
| To obtain a position as secretary making full use of my skills | *(Conseguir un puesto de secretaria para demostrar plenamente mis capacidades)* |
| A position wich allows for personal initiative | *(Un cargo donde tengan cabida las iniciativas personales)* |
| To obtain a position in data processing which gives me the opportunity to travel and to live abroad | *(Obtener un puesto en el sector de la informática que me permita viajar o vivir en el extranjero)* |
| To make use of my skills in Chinese language | *(Aprovechar mis conocimientos de chino)* |

# Los objetivos profesionales *(Objectives)*

Actualmente, citar los objetivos profesionales está de moda en Gran Bretaña. Por lo tanto, el candidato debe redactar este apartado en función del puesto deseado, indicando el tipo de empresa que prefiere y exponiendo las aptitudes y la experiencia que tiene.

# La experiencia profesional *(Work experience, qualifications)*

En los currículos dirigidos a Gran Bretaña es mejor utilizar la descripción cronológica inversa, es decir, la que parte de las experiencias más recientes. En todos los casos es fundamental evitar las enumeraciones y seleccionar cuidadosamente todas las experiencias presentadas, en especial las prácticas y los trabajos temporales (summer jobs, vacation jobs). Hay que describir las empresas: su actividad, el espacio que ocupan en el tejido productivo, el número de empleados, etc. Para evitar confusiones es importante especificar el significado de las siglas.

Asimismo, el candidato debe definir en este apartado del currículum las funciones y los cargos desempeñados en cada empresa del modo más claro posible: no se trata de enumerar simplemente las diversas funciones asumidas, sino de explicar las características de cada uno de los puestos ocupados, explicando de forma muy concreta qué ha hecho y cuáles han sido los resultados obtenidos. Por lo tanto, es aconsejable que señale los logros, como el aumento de las ventas, del volumen de negocio o de los beneficios, o la reducción de los costes conseguidos gracias a su gestión. Si su aportación a la empresa no puede expresarse en cifras, deberá encontrar ejemplos concretos (reorganización de algunos servicios, innovaciones tecnológicas, etc.).

## Ejemplos

| | |
|---|---|
| Increased sales by 30 % | *(Aumenté las ventas en un 30 %)* |
| Reduced the production costs by 15 % | *(Reduje los costes de producción en un 15 %)* |
| Developed a new technology | *(Desarrollé una nueva tecnología)* |
| Sales department, realising a saving of... | *(Obtuve una reducción de costes en el departamento de ventas del...)* |
| Developed a new type of washing machine | *(Diseñé un nuevo tipo de lavadora)* |
| Manager of the butchery department which employed 6 persons | *(Director de la sección de carnicería en la que trabajan 6 personas)* |

## La formación y la formación complementaria *(Education/training, additional training)*

También en este caso es necesario ser muy claro. No se trata de traducir lo intraducible, sino de aportar información que el seleccionador pueda comprender. Por consiguiente, el candidato dará los nombres de las escuelas a las que ha asistido, explicando el significado de las siglas si es necesario, y las describirá. Lo mismo ocurre con las universidades en las que ha cursado estudios, cuyas siglas pueden ser muy conocidas en España pero pueden tener un significado completamente diferente en Gran Bretaña. Debe ser específico y no conformarse con decir que posee una formación de ingeniero sin ninguna precisión más, porque en inglés el término engineer designa en la mayoría de los casos a un técnico. También es inútil tratar de traducir los títulos obtenidos; es mejor indicar la duración de los estudios realizados para conseguirlos.

Una diplomatura corresponde a los tres primeros años de la universidad en Gran Bretaña (undergraduate). Por lo tanto, el candidato debe precisar que la diplomatura es el equivalente español de un British Bachelor (of Arts, Sciences, etc.). Tampoco debe olvidar especificar, si la ha hecho, el tema de su tesis, sobre todo si tiene que ver con la profesión a la que opta y si constituye una especie de tarjeta de presentación. Asimismo, en caso de que haya realizado una especialidad, conviene que cite las materias estudiadas y las posibles menciones de honor o reconocimientos especiales (en inglés, distinctions). También debe hablar de la formación complementaria y las prácticas realizadas (training period) y, por supuesto, de los programas de estudio en el extranjero (overseas studies).

En este apartado también puede incluir los conocimientos de lenguas extranjeras, especificando el nivel adquirido de cada una de ellas: si es bilingüe, es decir, si posee un conocimiento perfecto de otra lengua (fluent, excellent); si habla o ha hablado una lengua extranjera en el ambiente de trabajo (working knowledge); si es capaz de mantener una conversación en esa lengua (conversational English, en el caso del inglés), y si lee habitualmente textos en otra lengua (reading knowledge). Para justificar estos conocimientos debe explicar, en caso de haberlas realizado, las estancias en el extranjero. Y no debe olvidarse de la posible participación en conferencias, o los artículos o libros escritos en inglés.

Por último, es aconsejable que refleje detalladamente su interés por Gran Bretaña. Puede hablar, por ejemplo, de aficiones típicamente británicas como el cricket, o mostrar su interés por la lengua, su pasión por la novela inglesa o por el teatro isabelino.[1]

## Las habilidades especiales *(Special skills)*

En este apartado deben mencionarse todos los conocimientos técnicos que se poseen desde, por ejemplo, la habilidad para tocar un instrumento musical hasta la fotografía.

---

1. Todo ello sin olvidar que en inglés los gentilicios se escriben en mayúsculas.

## Varios: intereses personales *(Hobbies, activities and interests)*

Como se ha dicho anteriormente, este apartado permite al candidato mostrar ciertos aspectos de su personalidad que pueden suponer un motivo importante para ser seleccionado. Puede citar los deportes que practica a condición de que sean poco habituales o de que haya conseguido algún reconocimiento. También puede mencionar los viajes realizados o los profundos conocimientos que tiene sobre otros países, aunque no sean anglófonos. Sin embargo, es conveniente que evite cualquier referencia a actividades de tipo político o religioso.

# El currículum para Estados Unidos

En líneas generales, las reglas de redacción de un currículum que va a enviarse a una empresa británica son también válidas para hacerlo a una estadounidense. Por lo tanto, se deberá prestar la misma atención a la claridad y la sencillez, así como cuidar el rigor, el orden y la exposición de los datos en forma de apartados para que el seleccionador pueda encontrar enseguida lo que busca. Una vez dicho esto, veamos algunas indicaciones concretas.

**Dar preferencia a los verbos de acción.** Los estadounidenses son mucho más expeditivos que los británicos, de modo que aprobarán el uso de verbos de acción. Por el contrario, es mejor evitar los verbos pasivos y las frases poco directas.

**Sí al tono dinámico.** Menos modestos que los británicos, los estadounidenses aprecian el dinamismo, el entusiasmo, la energía y la vitalidad, por lo que declarar todo ello abiertamente en el currículum es beneficioso.

**Evitar las referencias a la situación familiar.** Son menos importantes que en otros países, y el seleccionador, si lo desea, podrá interesarse en una entrevista posterior.

**Hablar también de los trabajos realizados durante los estudios.** La mayoría de los estadounidenses se han financiado sus estudios. De ahí que valoren mucho todos los trabajos u ocupaciones realizados con ese propósito.

**Es más importante la experiencia que la formación académica.** Es bueno no olvidarlo nunca, así que vale más la pena detenerse en la descripción detallada de las experiencias laborales y las prácticas realizadas que en los estudios cursados y los conocimientos adquiridos. Mucho mejor, además, si se dedica más espacio a la competitividad, la imaginación y el espíritu de iniciativa. Por consiguiente, será oportuno hablar de los resultados obtenidos.

**Poner énfasis en la capacidad de socialización.** Los estadounidenses valoran la predisposición al contacto humano, el espíritu de grupo y la implicación social. Así pues, conviene dedicar algunas palabras al tiempo que se transcurre colaborando con asociaciones de voluntariado, practicando deportes o juegos de equipo.

# Ejemplo de currículum para Estados Unidos

Como se trata de un currículum eminentemente técnico (que sirve también como ejemplo de descripción de los conocimientos informáticos), no se ha considerado necesario traducirlo: la jerga del mundo informático es tan universal que ya resulta comprensible para todos (o casi todos).

---

PERSONAL DETAILS
Name: Matthew Smith
Date of birth: 16th November, 1976
Nationality: American citizenship

CONTACT DETAILS
Telephone: +1-718-93-82-457
Postal mail: Matthew Smith
5 Father Street, New York
Electronic mail: matthew@yahoo.com

EDUCATION
PRIMARY SCHOOLING: From 1985 to 1988 I attended Hughes Primary School.
SECONDARY SCHOOLING AND COLLEGE: Palmer School
Sister Way, Red Hill, New York
From 1989 to 1994 I attended first secondary school, then college, at Jefferson Grammar School.
I completed my Higher School Certificate in 1994, attaining a Tertiary Entrance Rank (TER) of 88.05%.
TERTIARY STUDIES: American National University, Boston
During 1995 and 1996 I was enrolled in a Bachelor of Arts/Bachelor of Science (BA/BSc) Degree at the American National University.
I have since left to undertake full-time employment.
AWARDS
AMERICAN NATIONAL UNIVERSITY
AMERICAN SCHOOLS ENGLISH COMPETITION
1992: top 4% of State entrants (Distinction)
1993: top 1% of State entrants (High Distinction)
AMERICAN SCHOOLS SCIENCE COMPETITION
1989: top 3% of State entrants (Distinction)
1992: top 6% of State entrants (Distinction)

AMERICAN MATHEMATICS COMPETITION
1990: credit
1991: distinction
1992: credit
1993: credit

AMERICAN NATIONAL CHEMISTRY QUIZ
1992: high distinction

CURRENT AND PAST EMPLOYMENT

DEPARTMENT OF HEALTH AND FAMILY SERVICES, BOSTON
I have been employed by the Department for almost three months as an
Internet and Intranet site builder. My duties include:
• marking-up of documents, legislation, information;
• supporting public access to online materials.
Most notably I was responsible for cutting the Government's Aged Care Act
1997 on the Internet.

SPIDERWORKS WEB DESIGN
Since September 1996 I have been employed on a contractual basis as a CGI
and Java programmer for SpiderWorks, a web design startup company.

AMERICAN COMPUTER ASSOCIATION
From January to August 1996 I worked for American Computer Association, an
Information Technology solutions firm, as an application programmer, using a
fourth-generation language (4GL) for database program development called
Clarion for Windows.
I have also done website design for the company; my duties included site
structure design, page design (HTML), CGI, Java and JavaScript authoring and
image generation and manipulation.

AMERICAN NATIONAL UNIVERSITY
During 1995 I was employed by the ANU as a Student Computer Consultant.
My duties included helping students to find course materials online and to use
electronic mail accounts and the Internet, as well as student e-mail account
maintenance (primarily resetting users' passwords).
This was therefore a position of some trust.

COMPUTER SKILLS
These are my skills in the computing and IT area.
• General skills
Operating systems, Basic concepts
• Programming
Software development for Windows, MS-DOS and the Internet
• The World Wide Web
Site Development – HTML, Graphics, JavaScript, Java, CGI
• The Internet
Internet Concepts – HTTP, FTP, CGI, Telnet

• General skills
MacOS
MS-DOS
Windows 3.X, 95 & NT
UNIX

MacOS

I used Macintoshes (running MacOS System 7.1) extensively as part of my duties as a Student Computer Consultant at the ANU. My main duty was end-user support for use of the computers both for basic use such as word processing and for Internet access such as research on the Web and electronic mail. This end-user support included electronic mail account maintenance in the form of resetting lost passwords, guidance in the setting-up of electronic mail accounts, electronic mailing lists (listservs) and world wide web space for student clubs. As a result I am familiar with setting up and maintaining TCP/IP networking on Macintosh computers using Ethernet and LocalTalk.

MS-DOS

I used MS-DOS for several years, before the advent of Windows 95. I am proficient in DOS batch file programming, setting up and maintaining DOS-based systems, and writing TSRs.

WINDOWS 3.1 AND 95

I have been running Windows on my own IBM-compatible machine since Windows version 2.0. I have extensive experience setting up and using dialup TCP/IP software under both 16- and 32-bit Windows.
At the moment I run Windows NT on my machine.

UNIX

I have used SVR4-based implementations of UNIX on many occasions, especially during my university studies. I run Slackware Linux on my home machine.
I am proficient in basic setup of a UNIX system (including X-Windows), and intermediate shell programming.

• Programming
ANSI C/C++
Pascal
PERL
Modula-2
JavaScript
Java
Clarion® for Windows (4GL)
InstallShield® scripting

ANSI C AND C++

I have been programming in C and C++ for several years. The more advanced areas I am familiar with in C and C++ include:

TCP/IP networking and socket IO
Correct Object-Oriented Design (OOD) in C++
C and C++ under the Win32 environment

PASCAL
I have used Pascal for small personal projects, with Borland's Turbo Pascal for DOS and Windows, but have since found C to be a much more versatile environment.

PERL
I have been using the «Pathologica ly Eclectic Rubbish Lister» for various purposes, most frequently to implement CGIs.
I have also used Perl as a fast and convenient way of programming text processors.

MODULA-2
I have two years' experience in writing small applications using Modula-2, gained during my study of this language at university.
I used both UNIX SVR4 and MS-DOS based versions of Garden's Point Modula-2 compiler.

JAVASCRIPT
I am well versed in the use (and avo dance of abuse) of Netscape's JavaScript scripting language. These pages use simple JavaScript as an addition to the HTML content.
I am experienced in the use of JavaScript in conjunction with Java and DHTML to produce truly interactive websites.

JAVA
I have developed many Java applets and applications for various purposes, from navigation-bars for web pages, to client software for MOOs via generic, extensible JavaBean GUI components such as tab sheets.
I have used the Java Native Interface as part of professional development, to tie web-based user interfaces to existing Windows-based applications. I am currently exploring the possibilities of JDBC as a base for platform-independent database access over the Web.

TOPSPEED CLARION FOR WINDOWS
I was employed as a Windows software developer at ACA, using this fourth-generation development environment, TopSpeed corporation's Clarion for Windows.
This work entailed relational database design, query design and Windows GUI development (such as wizards) on a large project.

INSTALLSHIELD SCRIPTING
I have written InstallShield install scripts for ACA's commercial products. As such I am competent in the creation of easy to use, rapidly-developed installer programs for 16- and 32-bit Windows.

WINDOWS PROGRAMMING

As a result of my extensive use of Windows, and software development experience with ACA, I am familiar with Windows programming concepts such as event-driven programming, graphical user interface design and event messaging. My experience developing 32-bit Windows applications with ACA has built on these abilities, giving me familiarity with the use of fourth-generation languages for rapid application development under the Win32 environment, working in a small development team liasing closely with customers.

My development with ACA was centred on the product Service Plus, a service administration program for community services. This development was carried out with the use of TopSpeed Clarion® for Windows, a fourth-generation language.

I have also used Microsoft's Visual C++ for Windows, and regularly use GCC-Win32 (a port of the popular ANSI C/C++ compiler suite to the Win32 environment) to develop ANSI C and C++ software for Windows. Prior to the release of Windows 95 I was using DJGPP, a port of GCC to MS-DOS, to develop DOS-based applications using ANSI C and C++, as well as Microsoft QuickC, Borland Turbo Pascal for DOS and Garden's Point Modula-2, also for MS-DOS.

• The World Wide Web

HTTP (1.0 and proposed 1.1), HTML (3.2 and extensions), CGI, JavaScript, Java

THE HYPERTEXT TRANSFER PROTOCOL

I am currently in the process of implementing an unconditionally HTTP/1.1 compliant WWW server in MOOcode, with a friend.

Once completed this server will enable a true multi-user graphical environment to be constructed by the MOO on-the-fly, serving HTML pages, Java applets and even VRML to introduce greater interactivity and versatility, and tailoring its responses to the client software and user-expressed preferences.

I am familiar with Netscape's HTTP «cookies» and their use as state mechanisms in HTTP, with JavaScript and C CGI.

THE COMMON GATEWAY INTERFACE

I am familiar with the CGI and its many and varied uses.

I have created CGI 1.1-compliant programs in C and C++ as part of my duties at ACA. My language of choice for CGI development is currently Perl.

THE HYPERTEXT MARKUP LANGUAGE

I have been using HTML to create a web page for myself since 1994. I am familiar with basic and so-called «advanced» HTML, such as tables, frames, client- and server-side image maps, and forms, as well as embedded extensions to HTML such as animated images, JavaScript scripts and Java applets. I have a limited experience with Microsoft's Visual BASIC script (VBScript) and ActiveX.

• The Internet

TCP/IP, HTTP, FTP, Telnet

# WHAT IS A CURRICULUM VITAE?

Como se da por descontado que el lector tiene al menos un conocimiento básico del inglés, se ha considerado oportuno incluir también un capítulo completamente en esa lengua en el que se repiten conceptos y reglas explicados anteriormente en castellano.

If you are a Spaniard who wants to work abroad, you have to read this chapter: you will find useful suggestions about creating a curriculum vitae and you will also make language exercise!

## Description of a curriculum vitae

A curriculum vitae (CV) is a summary of your training, experience and skills that is used by an employer to decide whether you would be a suitable candidate for a job. A curriculum vitae is your personal advertisement that highlights those characteristics about you that are the most interesting, the most impressive and unique. A good CV is one that allows employers to easily and quickly determine whether your skills and experience match their needs. The easier you make this for the employer, the better it is. Its purpose is to sufficiently impress a potential employer so that he or she invites you to an interview to learn more about you.
The words «curriculum vitae» are Latin for «course of life» and your CV is a summary of your skills, qualities, experience and qualifications gained throughout your life so far.
It tells an employer who you are, what you've done and the skills you can offer. A good CV is useful when looking for work. It is therefore worthwhile investing time in preparing it well. Today, job vacancies often attract a large number of applicants, so it's important that your CV makes a good impression.
Your aim is to convince the employer that you are worth inviting for interview, so your CV should look good and provide the employer with as much relevant information about you as possible in a clear, concise and logical way. You want it to be a positive statement about yourself.

## A curriculum vitae can be used:

- when looking for a job;
- when trying to change your job;
- when planning for a future change of career;
- as the basis of a letter of application or in combination with a short letter of application;
- to produce a clear and positive summary of what you can offer an employer;
- to apply for jobs quickly;
- as a reference document to help you answer questions about your experience and skills e.g. when telephoning an employer;
- when canvassing employers for vacancies – you can leave them a copy;
- at your careers interview – it can give you a base for discussion about the type of work which interests you;
- as a reference when completing application forms;
- as a reminder of your skills and achievements when preparing for interviews.

What follows are suggestions. It is difficult to always predict exactly what each employer wants or expects to see in a CV, therefore generalisations are not always possible. For example, CVs for «business» often must be only one page. In the end, you must emphasise and include what best reflects your skills and personality.

## A curriculum vitae is:

- a presentation of credentials;
- an indispensable job hunting tool that represents an objective, factual, personal history of you;
- an advertisement designed to market you by highlighting your abilities and future potential;
- a summary of your career aspirations, educational background, employment experience, achievements, and interests.

# Assessing your qualifications

Preparing a proper CV requires a complete assessment of yourself in an organised way. Anyone advertising a product must know that product, and the product here is «you».

Make a complete list of all your education, work experience, volunteer experience, extra-curricular activities, and internships, with dates.

Decide to whom you are writing the CV. The CV needs to be targeted as specifically as possible to a particular career area or job. Research the key skills and capabilities associated with this career area. Look over the list of activities that you created in the first step. From that list, take the activities that you consider to be most associated with your target. For example, a teacher would list her/his teaching internships, voluntary tutoring experiences, summer camp counsellor jobs and day care centre substitute work.

Now that you have done the groundwork, start constructing your CV. The basic principle to follow is to put relevant information first and give it the most space.

## Major sections of a curriculum vitae

The sections of your CV could be as follows:

**Name, address, telephone number, mobile number, e-mail.** Full name, address and postcode, telephone number with standard dialing code and e-mail address if you have one. If you wish you can follow this with your date of birth and nationality, but you do not need to include either of these.

**Personal profile or career goal (optional).** This is entirely optional. It can be a short paragraph which summarises in two or three sentences information about yourself which you would like an employer to know.

**Skills.** This should be a short, optional section, possibly in the form of bullet points. It should be adapted to suit each job you apply for. Look carefully at the job as advertised or researched. What duties does the job involve? Make a list of them. For example, does the job involve keyboard or computer skills, working with others, selling, driving, organising time – yours or others, operating equipment?

**Education.** Include all information on Bachelor, Master, Ph.D., postdoctoral or other relevant studies. Enter the names of secondary schools and/or colleges attended. Put them in order of date, starting with the most recent. Try not to use too many lines for each.

Include details of your education and training record from secondary school onwards, putting your most recent qualifications at the top of the list and including dates and grades, either actual or expected.

**Work experience.** If you have work experience – through school or through paid or voluntary work – this section should follow after «Skills». Include a summary of your duties in each job.

This section may be difficult to write, but it is important. Like the «Skills» section it should be adapted to relate to the particular job you are applying for.

Describe your work experience relating to the job you are seeking, graduate research, internships, assistantships, teaching, field placements, consulting, administration, management.

Organise jobs in reverse chronological order within each section, i.e. most recent first. Include beginning and terminating dates, job title, name of company or organisation, and location (if relevant).
Start points with action verbs; do not write in complete sentences or paragraphs. List accomplishments and tasks performed. Show your skills and abilities.

**Languages.** If you are fully bilingual, say «Fluent English and Spanish (written and spoken)».
If you are not fluent in English but can get by, say «English, Spanish».

**Computers.** List the software with which you are familiar.

**Interests/hobbies.** Enter your hobbies and interests. In this section you should try to select interests which are relevant to the job you are applying for. For example, if you are applying for a job involving secretarial skills, and you happen to be secretary of the local youth club committee, mention this because it is relevant to the job. Interviewers will often ask questions about the hobbies and interests you have noted, so only put down interests you are prepared to talk about. If you can show how your hobbies and interests relate to the job applied for, then so much the better. Employers are not usually too impressed with applicants who list «watching TV» as their main (or only) interest. Most jobs involve working with people, so it is often useful to be able to link your interests with an ability to work with others as a part of a team. Try to highlight your versatility and ability to adapt to differ-ent situations. Don't overstate your interests: it's better to put down a couple rather than a long list which you may not be able to talk about convincingly at the interview.

**Additional information (optional).** Enter information which doesn't fit into other sections. This could include other qualifications and skills, such as life saving certificate, first aid certificate, a clean driving licence, keyboard or computer skills and language skills.

**References.** Say «References will be supplied upon request» or list the names, titles/positions, addresses, postcodes (and telephone numbers if appropriate) of two people who are prepared to provide references for you. You should always ask the permission of referees before putting their names forward.

**Objective.** If your CV is for an «unskilled» part-time or summer job, this section is not necessary.
If you are clear about what you want to do, then be as specific as possible, e.g. «a management trainee position in the international banking industry».
Make the CV look as attractive as possible. It should be clear and concise as well as having enough detail to communicate the important facts to the employers.
Use point form and a visually attractive layout. Make sure there is a good balance between white space and text. Print it with a laser printer on good quality paper. Use a clear font.
Ensure that there are no typographical or grammatical errors. These will certainly eliminate you.

# Some suggestions about cover or broadcast letters

How can you differentiate yourself from the many good applicants applying for the position? What points will draw attention to you as a worthwhile candidate to interview?

Personalise your letter by addressing it to the Personnel Responsible, with the person's name correctly spelled.

Ensure the highest quality of information possible in the letter accompanying your CV. Include a mission statement about your objective in clear, unambiguous points. Discuss your strengths and areas of specialisation. Observe the rules of good writing to help the reader to ascertain your credentials quickly. Write short paragraphs with a clear opening sentence to define the topic of the paragraph and highlight relevant, important information. Use correct spelling and grammar.

Add information on what you feel are other strengths, such as enjoyment in working with groups, obtaining funding for projects, action-oriented research.

## Final advice about CV

- The average time an employer spends reading a CV is just two minutes, so don't make it longer than two sides of A4 paper.
- It should be typed and printed on good quality white or cream paper.
- It should be checked for spelling, grammar and punctuation before and after it is printed.
- You want your CV to lead to an interview, so it should summarise the skills, qualities and achievements that make you suitable for the job. Adapt your CV after you have researched each job you apply for. This will help you match what you can offer to the particular job.
- Try to keep your CV on disk so that it can be updated whenever there are changes in your circumstances and «targeted» at particular vacancies: that is, adapted to suit each job you apply for.
- Always keep a copy of your current CV.

# DESCRIPCIÓN DE ALGUNOS PERFILES
# PROFESIONALES

Este capítulo está dedicado a la descripción de algunos perfiles profesionales significativos para facilitar la búsqueda de empleo en el mundo anglosajón y la preparación de un currículum adecuado.

Agente inmobiliario/a

Agente de seguros

Analista de mercado

Arquitecto/a

Camarero/a de barra

Cocinero/a

Contable

Director/a

Diseñador/a gráfico/a

Enfermero/a

Recepcionista de hotel

Técnico/a informático/a

Teleoperador/a

Se facilita un breve «retrato robot» profesional de todos estos perfiles en castellano y, a continuación, una amplia descripción en inglés.

Si bien algunos lectores no se reconocerán en estos perfiles, la lectura puede suministrarles numerosas sugerencias útiles, tanto en lo concerniente a la terminología como al planteamiento general de la descripción. Esta tiene su origen precisamente en los llamados job file, muy utilizados en Gran Bretaña y que corresponden a los «registros de profesiones» todavía poco habituales en España.

# Las habilidades paralelas (Core skills)

En todas las profesiones tratadas se requieren habilidades paralelas, es decir, que no estén directamente relacionadas con las funciones que se deberán desarrollar, sino más bien con la capacidad de relacionarse con los demás y establecer buenas relaciones (communication), de utilizar herramientas informáticas (information technology) y modernos instrumentos para mostrar y explicar el trabajo y los resultados (numeracy), de resolver problemas y conflictos (problem solving), y de trabajar en grupo (working with the others).
La tabla incluida a continuación se refiere al puesto de contable, pero las habilidades citadas son aplicables a todas las profesiones.

| Core skills | Description |
| --- | --- |
| Communication | Uses speaking and listening skills when discussing work matters with colleagues and managers, and when explaining accounting matters to non-specialists. |
| | Understands and interprets the content of complex financial and accountancy documents. |
| | Writes clear, precise and accurate reports. |
| Information technology | Uses appropriate computer databases and programs in support of professional accounting activities. |
| | Uses computer software packages to produce reports. |
| | Uses e-mail to communicate with colleagues and external organisations, and the Internet for research purposes. |
| Numeracy | Uses graphs, diagrams, symbols and tables to interpret and explain the organisation's financial performance and to project trends for the future. |
| | Uses number skills when working with budgetary, financial and statistical information. |
| Problem solving | Analyses the project – for example, a complete review of the organisation's financial systems – and identifies the tasks to be undertaken. |
| | Plans how these tasks can be completed. |
| | Reviews and evaluates the outcomes and implement appropriate changes in the future. |
| Working with others | Works closely with colleagues and managers as part of a team in order to achieve the agreed goals. |
| | Takes personal responsibility for allocated tasks. |
| | If in a senior position, negotiates and allocates tasks as well as completing his own tasks. |

## AGENTE INMOBILIARIO/A – ESTATE AGENT

*El agente inmobiliario se encarga de gestionar la venta y el alquiler de inmuebles civiles e industriales. Se ocupa de la adquisición, la tasación, la búsqueda del comprador/arrendatario y, a menudo, de la gestión de los requisitos administrativos para acceder a mutuas o financiamientos. Cobra generalmente a comisión, es decir, un porcentaje sobre el valor de la operación concluida.*

⇒ **The Work**

Arranges the buying, selling or letting of any type of land or building.

Arranges visit by surveyor and then advises on likely market price or rent, taking into account specific factors such as size, condition and location of property and general factors such as current availability of mortgages.

Advises on best method of selling: private contract, auction or tender. May handle the auctioning of property.

Prepares written description to issue to potential buyers. May take photographs of the property.

During selling period handles keys, arranges viewing times.

May show potential buyers around the property.

May advise on mortgages and arrange them.

Advises on legal aspects of letting property. May be involved in finding suitable tenants for properties and collecting rents.

Liaises with solicitors, banks and building societies on legal and financial aspects.

May maintain property on behalf of absent owner.

Work is based in an office but involves trips to visit property. The job will involve long hours including evening and weekend work. Sometimes pay can be boosted by commission.

⇒ **Entry**

There is no single entry route. Professional qualifications are an advantage but not essential. Direct entry with part-time study is possible, as is entry after taking a Degree or Higher National Certificate/Diploma. Any Degree is acceptable, but some training in Estate or Property management, or in a building-related subject, either at undergraduate or postgraduate level, would be useful.

⇒ **Useful subjects**

The following subjects are relevant:
• English and/or Communication
• Mathematics
• Business management
• Economics

## Personal qualities

• Smart appearance
• Good telephone manner
• Persuasive, assertive, resourceful
• Polite, helpful approach to clients
• Ability to retain a businesslike manner while working under pressure

## Career development

There are many different types of estate agency: family owned firms, small partnerships, multiple branch companies, and large international firms. Related posts are also available in the public sector. Local authorities employ estates officers, also known as valuation and estates officers, to manage the council's land and property.

Recent changes in the law mean that estate agents are undertaking more of the negotiating aspects of conveyancing, which was previously done by solicitors. Once you have gained experience on the job and have developed your skills, you may be able to move on into estate agency management, or to specialise in certain types of property. Another possibility is self-employment.

## Address

The following organisation may be able to provide further information:
• The National Association of Estate Agents
E-mail: info@naea.co.uk
Web: www.naea.co.uk

## AGENTE DE SEGUROS – INSURANCE AGENT

*El agente de seguros proporciona a los clientes información acerca de las diferentes pólizas aseguradoras y sus precios. Se ocupa de contactar con los clientes, a menudo en su domicilio. Cumplimenta los diferentes módulos de contratación y los envía a la compañía aseguradora. Se encarga de solicitar los pagos y de cobrarlos.*

### ⇒ The Work

Gives information to individuals and Insurance brokers on the different insurance policies available and encourages them to buy these.
Visits clients at home or in their offices.
Explains details of policies and gives advice on choices.
Deals with administration such as form-filling and accounts.
Collects payments at regular intervals.
Sells by telephone or mail if involved in direct selling.
Insurance agents spend part of their time in the office and part of their time visiting clients. A driving licence is therefore useful and sometimes required.
Insurance agents often earn commission on policies sold and this is added to a basic salary.

### ⇒ Entry

There are no set qualifications to become an Insurance agent but most companies prefer general vocational Qualification Level II Business Administration. Relevant experience in Insurance or Sales is preferred.
Training takes place at work and may include short courses provided by the employer. To sell financial products, including Insurance, you need a Financial Planning Certificate (FPC). Employers may provide training for this on-the-job or you can study for FPC with the Chartered Insurance Institute (CII). There are no entrance qualifications or age limits to study and repeated attempts are allowed.

### ⇒ Useful subjects

Among the useful subjects are:
• English and/or Communication
• Mathematics
• Accounting and Finance
• Contemporary social studies
• Computing studies

Among the more specialised subjects are:
• Business education – Accounting and Finance
• Business education – Business management
• Business education – Economics

• Computing and Information technology – Computing
• Computing and Information technology – Information systems

## Personal qualities

• Smart appearance
• Confidence when meeting and talking with new clients
• Ability to work alone
• Ability to keep business matters private

## Career development

With experience and ability, Insurance agents can become Inspectors. An Agency inspector looks for new business with larger organisations such as building societies, and appoints and manages Insurance agents. It is possible to progress to supervising other Inspectors or managing a Sales team. You can also become self-employed.

## Address

The following organisation may be able to provide further information:
• Chartered Insurance Institute
Careers Section
E-mail: customer.serv@cii.co.uk
Web: www.cii.co.uk

## ANALISTA DE MERCADO – MARKET RESEARCH EXECUTIVE

*El analista de mercado desempeña funciones de apoyo a las más amplias estrategias empresariales de marketing. Su actividad principal consiste en elaborar planes específicos de análisis de mercado, realizar el estudio real mediante la identificación de un grupo de muestreo para entrevistar en función de los objetivos que se desean alcanzar. Realiza cuestionarios para la entrevista y coordina la actividad de los entrevistadores. Y elabora el informe final del estudio de mercado, que presenta al responsable de marketing. Las actividades de análisis se pueden realizar en campos específicos como el comercial, el industrial y el social.*

### ⇒ The Work

Organises programmes to collect information on consumers' attitudes – their reactions to and their expectations of goods and services.

Decides best way of getting information required and works out cost.

Selects sample of population and methods to use: interviews (telephone/face-to-face), surveys, questionnaires or tests.

Writes questionnaires and may personally conduct in-depth interviews.

Trains the interviewers to conduct marketing research and supervises their work.

Analyses data using a computer.

Presents research results to clients in writing or in person.

There are three main types of Market research executive:

• Consumer research executive – Investigates opinions on goods and services bought by the public, on topics such as price, quality, after-sales service and availability. Examines potential success of new venture or product.

• Industrial research executive – Examines trends within industry such as the purchase of machinery and raw materials.

• Social researcher – Works on behalf of Government researching public opinion on economic, political and social policy. Helps to shape policy on issues like unemployment, race and sex discrimination, health and housing.

### ⇒ Entry

Most entrants have a Degree or Higher National Certificate/Diploma. Most subjects are acceptable, particularly those involving numeracy and statistics; therefore, qualifications in Business studies, Marketing, Mathematics, Statistics, Psychology or Economics are particularly relevant.

Postgraduate courses in Marketing or Social research are available.

### ⇒ Useful subjects

The following subjects are relevant:

• English and/or Communication

• Mathematics

• Administration

- Business management
- Contemporary social studies
- Economics
- Modern studies
- Psychology
- Sociology

## Personal qualities

- Organisational skills
- Methodical and systematic approach
- Self-motivation
- Observational skills
- Analytical ability
- Interest in and curiosity about people's behaviour and motives

## Career development

Market research executives normally work for Market research agencies. There are also opportunities in the Market research departments of companies whose products and services are being researched, and in local and central government. Trainees are quickly given responsibility for their own clients and programmes, and soon manage their own research team. It is possible to specialise by type of research. Agency executives may become Account directors, or go into self-employment. Some Market research executives move into Advertising and Marketing.

## Addresses

The following organisations may be able to provide further information:
- The Market Research Society
E-mail: info@mrs.org.uk
Web: www.mrs.org.uk
- Association for Qualitative Research
E-mail: info@aqr.org.uk
Web: www.aqr.org.uk

## ARQUITECTO/A – ARCHITECT

*Un arquitecto realiza funciones de tipo proyectivo y ejecutivo. Se ocupa de la parte de diseño y estudio, tanto de ámbito civil como industrial, y supervisa la realización del propio proyecto. Existen diversas especializaciones dentro de los dos campos: civil (urbanismo, paisajismo...) e industrial (diseño). El arquitecto puede desempeñar su actividad como profesional liberal o como colaborador dentro de un estudio o una empresa.*

*Para poder ejercer esta actividad es necesario licenciarse en Arquitectura y resulta de gran utilidad el conocimiento de herramientas de diseño asistido por ordenador (CAD).*

### ⇒ The Work

Designs buildings of all types. Can be a «one-off» building, but may be a batch of buildings to a repeat pattern.

Designs conversions and extensions for existing buildings, for example converting a factory into flats.

Gathers information about the intended purposes of the building, environmental factors, the particular characteristics of the site and the proposed budget. Taking all this into consideration, comes up with a design concept.

Chooses appropriate building materials.

Using computer-aided design (CAD) software, produces design and possibly three-dimensional models.

Discusses these with the client, with other members of the design team (surveyor and engineer), with planners and any other interested parties.

Obtains planning permission.

Produces «production information» drawings. Sends drawings to quantity surveyor for costing. When they come back sends them to a number of builders for competitive tender.

Evaluates the tenders.

Takes responsibility for seeing that work conforms to the specification.

During the time the building is going up, works closely with surveyors and contractors. Visits sites frequently.

Chairs site progress meetings.

Is usually involved with the project from start to finish.

Is responsible for the safety of the building as long as it is standing. May take out insurance to cover this.

Architects are based in an office, but spend much time visiting clients, planners, and builders. There are also frequent visits to sites, which can be in bad weather. The job might involve evening and weekend work and being away from home for periods of time.

### ⇒ Entry

Must hold a degree recognised by the Royal Institute of British Architects (RIBA). For entry, usually, a portfolio of work are required. Training takes at least 7 years, including periods of practical experience.

# Useful subjects

The subjects required by employers, colleges and universities vary. However, many subjects that you can take at school or college will help you develop the skills and knowledge needed for this area of work.

Among the useful subjects you can study are:
• English and/or Communication
• Mathematics
• Art and Design
• Physics or Technological studies
• Computing Studies

Among the more specialised subjects are:
• Art and Design – Design
• Design, Engineering & Technology
• Building & Architectural engineering

# Personal qualities

• Flair, imagination, creativity
• Willingness to shoulder responsibility
• Ability to act on own initiative and deal with the unexpected
• Resourcefulness, competitive attitude
• Accuracy – attention to detail when drawing
• Good observation
• Decisiveness, persuasive skills
• Organisational skills – to prioritise tasks and manage people
• Mathematical aptitude and scientific understanding
• Good spatial awareness

# Career development

Although overall unemployment among architects is low, first posts are not easy to find. Some architects remain with the company with whom they worked during their training. There are some openings with local authorities, the Civil Service, the Health Service, industry or commerce. A downturn in housing-related work has been countered by a rise in retail- and office-related projects. Many architects are self-employed or in partnerships, and it is sometimes possible to work as a consultant or on a freelance basis. Once you have gained experience on the job and have developed your skills, you may be able to move on. There are opportunities in several related fields such as lecturing, journalism and property development.

# Address

The following organisation may be able to provide further information:
• Royal Institute of British Architects - Education Department
Web: www.architecture.com

## CAMARERO/A DE BARRA – BAR STAFF

*Un camarero desarrolla su actividad tanto en bares como en otros locales abiertos al público, hoteles o ciudades de vacaciones.*
*Se ocupa de múltiples actividades: desde la preparación de alimentos hasta la de cócteles (más compleja), pasando por la gestión de suministros y la limpieza de los locales y las máquinas.*
*Entre las habilidades más importantes se cuentan las sociales. De hecho, es esencial establecer una buena relación con la clientela, sobre todo con la habitual.*
*Es preferible asistir a un curso profesional específico.*
*Y es esencial el conocimiento del inglés.*

⇒ **The Work**

Works in licensed premises – pubs, hotels, night-clubs, social clubs, restaurants, sports clubs and leisure centres.
Serves a range of drinks and may serve food.
Takes orders, pours drinks, washes glasses and keeps the bar and tables clean and tidy.
Helps stock up with ice, lemon slices and other items needed for drinks.
Talks to customers to help create welcoming atmosphere.
Operates cash registers, collects money and gives change.
Work is often available part-time and full-time. Shift work is common and often covers lunchtimes, evenings, nights and weekends.

⇒ **Entry**

Formal qualifications are not normally required. Though not required, taking qualifications may help you to gain entry to this position.
The minimum legal age for working behind a bar is 16 years. A good level of fitness is important as the work may be physically demanding.

⇒ **Useful subjects**

Many subjects that you can take at school or college will help you develop the skills and knowledge needed for this area of work.

Among the useful subjects you can study are:
• English and/or Communication
• Mathematics
• Modern languages
• Social and Vocational skills

Among the more specialised subjects are:
• Hospitality – Health and Food technology
• Hospitality – General operations
• Hospitality – Food and drink service

## Personal qualities

- Smart appearance
- Friendly, helpful manner
- Politeness, tolerance
- Firmness – when coping with difficult situations
- Outgoing nature – ability to get on with everyone
- Ability to remain calm under pressure
- Honesty, reliability

## Career development

Once you have gained experience on the job and have developed your skills, you may be able to move on. A possible progression route in this career area could be: Bar staff, Bar supervisor, Bar manager.

## Address

The following organisation may be able to provide further information:
- Glasgow College of Food Technology
E-mail: info.scotland@springboarduk.org.uk
Web: www.springboarduk.org.uk

## COCINERO/A – COOK OR CHEF

*Desempeña funciones relativas a la preparación de platos en restaurantes, hoteles, hospitales y empresas de restauración colectiva. Su actividad puede ser ejecutiva o creativa. Existen especialidades en función del tipo de cocina que se prepare.*

### ⇒ The Work

Plans, prepares and cooks food.
Uses various techniques for many types of cooking, food storage and food preparation.
Often specialises in the tasks and skills for a specific area of the kitchen, e.g. making sauces.
Uses a variety of utensils and equipment found in the kitchen.
May organise kitchen staff and plan the budget, menus and buying of supplies.
Chefs and Cooks often have different workplaces:
• Chef – normally works in hotels and restaurants;
• Cook – normally works in hospitals, schools, cafes and fast-food outlets.
Work is based around shifts, including early mornings, nights and weekends.
Conditions can be hot and noisy, and most of the time is spent standing up.

### ⇒ Entry

Formal qualifications are not always required. Though not required, taking qualifications may help you to gain entry to this position.
The main entry routes are:
• For young people, entry through apprenticeships, with training.
• Direct entry to work. Part-time training while in work is often arranged by employers.
• Entry to work after a full time college course do not always require entry qualifications.
• Mature entry is possible, but some employers in hotels and restaurants prefer new entrants to be young.
Physical fitness is important, as there is a lot of lifting and carrying involved.

### ⇒ Useful subjects

Many subjects that you can take at school or college will help you develop the skills and knowledge needed for this area of work.

Among the useful subjects are:
• English and/or Communication
• Mathematics
• Modern languages
• Home Economics
• Social and Vocational skills

Among the more specialised subjects are:
• Hospitality – Health and Food technology
• Hospitality – Practical cookery
• Hospitality – Professional cookery
• Hospitality – Food and drink service

## Personal qualities

• Creativity, imagination – to develop new dishes
• Organised, methodical approach – to make sure food is ready when required
• Alertness – readiness to react to needs of customers
• Accuracy – when measuring ingredients
• Ability to remain calm under pressure
• Leadership qualities – when supervising assistants

## Career development

Once you have gained experience on the job and have developed your skills, you may be able to move on. A possible progression route in this career could be: Trainee cook or Commis chef, Cook or Chef, Head cook or Head chef. Some Cooks and Chefs move into self-employment.
Gaining qualifications, as well as more advanced or specialist qualifications, such as Culinary Arts and Management, may help your progression. These courses may be taken full or part-time.

## Address

The following organisation may be able to provide further information:
• Glasgow College of Food Technology
E-mail: info.scotland@springboarduk. org.uk
Web: www.springboarduk.org.uk

## CONTABLE – INDUSTRY AND COMMERCE ACCOUNTANT

*El contable opera en la oficina de administración de casi todas las empresas que tienen un servicio interno (no recurren a profesionales externos, como el gestor en las pequeñas empresas). Se ocupa de todos los problemas relacionados con los movimientos económicos y financieros. Su actividad empieza con el llamado «primer apunte» (primer registro de entradas y salidas) hasta alcanzar el balance verdadero. Dependiendo de la dimensión de la empresa y de la complejidad de la gestión, el contable puede ocuparse de todos los problemas administrativos o bien de una parte de ellos.*
*Es indispensable el conocimiento de programas informáticos de contabilidad específicos.*
*Cada vez se requiere más el conocimiento del inglés.*
*La titulación exigida suele ser la de un módulo profesional de Contabilidad o también la licenciatura en Económicas.*

### ⇒ The Work

Works for one company rather than dealing with different clients.
Deals with taxes, wages, payments, and keeps records.
Gathers information from departments and analyses this to produce reports.
Establishes and maintains systems and policies.
Reviews the efficiency of staff, stock and procedures.
Assists in overall management of the company's finances.
Assesses the value of the company within the business market.
Industry and commerce accountants spend most of their time in their own office.

### ⇒ Entry

An accountant (Industry and commerce) qualifies by passing the examinations of one of the following professional accountancy bodies: The Institute of Chartered Accountants of Scotland (ICAS), The Association of Chartered Certified Accountants (ACCA), The Chartered Institute of Management Accountants (CIMA), or The Association of International Accountants (AIA).
Training for accountancy involves a combination of examinations and work experience. The precise content and pattern of the training varies according to the nature of the entry qualifications held and the requirements of the professional body concerned.

### ⇒ Useful subjects

Subjects you should study are:
• English and/or Communication
• Mathematics

Among the other useful subjects you can study are:
• Accounting and Finance
• Business studies
• Computing studies
• Economics

Among the more specialised subjects are:
* Business education – Accounting and Finance
* Business education – Administration
* Business education – Business management
* Business education – Economics
* Computing and Information technology – Computing
* Computing and Information technology – Information systems

## Personal qualities

* Excellent numerical skills
* Accuracy
* Organisational skills
* Ability to work under pressure and meet deadlines

## Career development

There are many different types of business or industry to work in as an accountant. With experience, it is possible to become a consultant, or progress to general management.

## Address

The following organisation may be able to provide further information:
* The Chartered Institute of Management Accountants
E-mail: cima-services@cimaglobal.com
Web: www.cima.org.uk

---

## DIRECTOR/A – MANAGER

*Es el responsable de coordinar una actividad/proyecto y se ocupa de la gestión de todos los problemas relacionados: comerciales, administrativos, de gestión de personal, de relaciones externas, etc. Su función es, por lo tanto, de tipo «directivo» y no está estrechamente relacionada con ninguna competencia específica. Es el responsable del resultado global de la actividad y para ello se sirve de los recursos humanos con los que construye un equipo de trabajo.*

### The Work

Co-ordinates and controls the work of an organisation or department.
Works out business plans, objectives to be achieved and the best methods with which to achieve them.
Manages the practical aspects of work, such as budgets, resources required, and timetables. Works out day-to-day or weekly schedule and directs staff.
Keeps staff motivated by informing them of aims and progress.
Liases with other departments and managers to co-ordinate business, assess results and adjust policies.
Is involved in recruitment of new staff, training and staff organisation.
Helps in planning marketing and promoting new products or services.
May work in a private company or a public organisation.
You will be based in an office, and will travel to meetings, often around the country, and perhaps abroad. The general operation of the organisation will be your responsibility, you will delegate duties, check progress, and maintain staff enthusiasm.
Work will be highly pressured at times, involving long hours, including evenings and weekends.

### Entry

Direct entry from school is rare and most entrants have Degrees. Degrees in business and related subjects are preferred, but any subject is acceptable.
Postgraduate qualifications are available in Business studies. An MBA (Master of Business administration) would be particularly useful.
You will be expected to have extensive experience in business, especially in a management area, such as in marketing, sales, general administration.
Many employers have training schemes for entrants, particularly for graduates.
You may be required to speak a second language.

### Useful subjects

Among the useful subjects are:
• English and/or Communication
• Mathematics

• Accounting and Finance
• Business management
• Computing
• Economics
• Modern languages

Among the more specialised subjects are:
• Business education – Administration
• Psychology

## Personal qualities

• Confidence, willingness to take responsibility
• Organisational skills
• Strong sense of business (or in the public sector, a sound knowledge of what is required and can be achieved within budget)
• Ability to inspire trust and confidence – that you can handle your responsibilities
• Ability to consider issues from different points of view
• Ability to transform ideas and aims into workable plans and procedures.

## Career development

Managers can progress up the executive career ladder to become General managers, Directors, and Managing and Executive directors.

## Addresses

The following organisations may be able to provide further information:
• Chartered Management Institute
Management House
E-mail: accreditation@managers.org.uk
Web: www.managers.org.uk
• The Institute of Administrative Management
Web: www.instam.org
• The Institute for Supervision and Management
E-mail: user@ismstowe.demon.co.uk
Web: www.ismstowe.com

## DISEÑADOR/A GRÁFICO/A – GRAPHIC DESIGNER

*El diseñador gráfico plasma ideas y contenidos en imágenes y proyectos para la comunicación, la publicidad y el mundo editorial. Realiza esta labor con el apoyo de tecnologías informáticas extremadamente avanzadas que integran textos, imágenes y sonidos. Evidentemente, es un auténtico creativo, capaz de transformar las propuestas del cliente en productos de fuerte impacto comunicativo.*

### The Work

Designs images and words to get across ideas and information.
Creates designs for books, posters, letter headings, company logos, magazine and newspaper layout, publicity and advertising material, product packaging, television and film credits, captions and animation.
Works with a range of equipment and techniques including computers, photography and drawing boards.
Takes a portfolio to different places to promote work.
Discusses with the client how the design should look and who it is aimed at.
Researches the idea and comes up with rough sketches to show the client.
Prepares the final layout to give to the printer, including the positioning of the designs, words and pictures.
Graphic designers work both alone and as part of a team. The work is mostly done in studios, or from home if self-employed, but also involves travelling to visit exhibitions, libraries, clients and printers.

### Entry

Most Graphic designers have formal qualifications in Graphic design or Art and Design. A portfolio of artwork is required as well as academic qualifications for entry to courses.
If taking a general art and design course, students either specialise in a graphic design subject or take a postgraduate course.

### Useful subjects

Many subjects that you can take at school or college will help you develop the skills and knowledge needed for this area of work.

Subjects you should study are:
• English and/or Communications
• Art and Design
• Craft and Design

Among the other useful subjects you can study are:
• Mathematics
• Graphic communication

## Personal qualities

• Creativity, imagination, originality
• Artistic ability
• Accuracy when attending to detail
• Good eye for colour
• Aptitude for learning technical processes such as digital photography
• Ambition, motivation
• Self-confidence to promote own work to clients
• Ability to take criticism and to work to deadlines

## Career development

Full-time, salaried employment usually is concentrated in advertising agencies, design consulting firms, publishing companies, magazine and newspaper offices. There are also opportunities in graphics departments in television companies. Some Graphic designers are employed in areas such as engineering and architecture to produce technical designs.
It is often difficult to obtain a first job in graphic design. You may start out as assistant designer or art assistant carrying out routine tasks without much responsibility. Once you have gained experience as a Graphic designer, you may be able to progress into management. Some Graphic designers become senior designers or art directors and may head a team of Graphic designers. Others may prefer to change jobs to gain wider experience and a higher salary.
Experienced Graphic designers often become self-employed.

## Address

The following website includes information on career options in the visual arts: www.yourcreativefuture.org

## ENFERMERA/O – REGISTERED NURSE

*Una enfermera realiza todas las funciones paramédicas de apoyo dentro de las unidades hospitalarias y clínicas o de forma privada en el domicilio del enfermo. Se trata de una profesión de alto valor social con diferentes especialidades.*

### ⇒ The Work

Takes care of patients in hospital or the community.
Assesses patients' needs, both physical and emotional, and provides appropriate care and support.
Develops, carries out, and reviews care plans for patients.
Takes temperatures, blood pressures and respiration rates of patients.
Gives injections and medications.
Attends to the cleaning, dressing and draining of wounds.
Administers drips and blood transfusions.
Assists at operations and removes stitches.
Carries out routine work on the ward such as bed making, feeding patients and helping them with personal hygiene.
Accompanies doctors on ward rounds and discusses cases with them.
Keeps records of patient treatment and progress.
Working conditions for Registered nurses vary greatly depending on whether they work in hospital or in a general practice surgery.

### ⇒ Entry

Registration as a Nurse can be gained by three routes:
• 3 year Diploma in Higher education for which the minimum entry requirement is 5 Standard grades.
• 3-4 year Degree course for which entry requirements are 3-4 Higher grades preferably including English and a Science.
• Those with a relevant first Degree (usually in a biological or behavioural science subject) can apply for a shortened course.
After Registration it is possible to undertake further training in a wide range of specialist fields which may lead to work in a hospital or in the community. For instance, specialising in orthopaedics or coronary care would lead to hospital work, whereas specialising in health visiting would lead to work in the community.
Physical fitness is important. A medical examination is a compulsory part of the entry procedure.

### ⇒ Useful subjects

You should study some or all of the following subjects:
• English and/or Communication
• Mathematics
• Chemistry

• Biology
• Physics
• Science

Among the more specialised subjects are:
• Biology – Human biology
• Care
• Psychology

## Personal qualities

• Ability to get on well with people from a wide range of backgrounds
• Emotional and mental strength
• Good observation
• Ability to act on own initiative
• Willingness to take responsibility
• Ability to cope with distressing sights
• Ability to remain calm in stressful situations
• Patience, tact and a mature approach

## Career development

There are opportunities for Registered nurses in large busy hospitals with operating theatres, different types of specialist wards and accident and emergency units, as well as in small clinics.
Promotion for a Registered nurse in hospital is normally to Charge nurse/Sister in charge of a ward or clinic. Although the National Health Service is the main employer for Registered nurses, job opportunities also occur in private hospitals, nursing homes, agencies, the Armed Services and prisons.

## Address

The following organisation may be able to provide further information:
• National Board for Nursing
Careers Information Service
E-mail: careers@nbs.org.uk
Web: www.nbs.org.uk

## RECEPCIONISTA DE HOTEL – HOTEL RECEPTIONIST

*La figura profesional del recepcionista de hotel exige una elevada competencia lingüística —al menos dos lenguas extranjeras perfectamente habladas—, el conocimiento de los programas informáticos principales en materia de gestión de reservas hoteleras y la capacidad de manejar relaciones interpersonales. El recepcionista de un hotel desempeña las funciones de acogida de los clientes hospedados y gestión de las reservas y los registros, así como de los posibles problemas relacionados con la estancia. Además, debe ser capaz de solucionar las diversas peticiones de la clientela de forma profesional y competente.*

### ⇒ The Work

Welcomes guests and provides them with room numbers and keys.
Provides information on hotel facilities.
Answers guests' enquiries and deals with complaints.
Takes and keeps records of bookings and cancellations.
Works closely with housekeeper.
Exchanges traveller's cheques and foreign currency.
Keeps guests' valuables in safety deposit boxes.
Carries out clerical duties including word processing, switchboard control and use of fax and other office machines.
Work is based around shifts, including early mornings, nights and weekends.
Guests can be demanding, and shifts very busy.

### ⇒ Entry

Though not required, taking qualifications may help you to gain entry to this position.
The main entry routes are:
• For young people, entry through apprenticeships, with training.
• Direct entry to work, normally with standard grades. Part-time training while in work, is often arranged by employers.
• Entry to work after a full time college course leading to a National certificate or Higher National certificate in Hospitality or a more specialised subject such as Hotel Reception or Hospitality do not always require entry qualifications.
• Depending on the recruitment policy of the employer, mature entry may be possible.

### ⇒ Useful subjects

Many subjects that you can take at school or college will help you develop the skills and knowledge needed for this area of work.
Subjects you should study are:
• English and/or Communication
• Mathematics

Among the other useful subjects you can study are:
• Modern languages
• Administration or Office and Information studies
• Social and Vocational skills

Among the more specialised subjects are:
• Hospitality – General sperations
• Hospitality – Reception and Accommodation sperations
• Business education – Administration

## Personal qualities

• Smart appearance
• Friendly, helpful manner
• Politeness, tolerance, patience
• Ability to remain calm under pressure
• Ability to deal with several tasks at the same time
• Ability to learn foreign languages – when dealing with overseas guests

## Career development

Once you have gained experience on the job and have developed your skills, you may be able to move on. Possible progression in this career area could be: Shift leader/Supervisor, Senior receptionist. With further qualifications you may be able to move into management.

## Address

The following organisation may be able to provide further information:
• Hospitality Training Foundation Scotland
E-mail: ntoscotland@htf.org.uk
Web: www.htf.org.uk

## TÉCNICO/A INFORMÁTICO/A – COMPUTER OPERATOR

*El operador informático desempeña diferentes funciones en una empresa. De acuerdo con el tipo de actividad y el sector de esta, utiliza programas informáticos diferentes. Debe ser capaz de realizar tareas que van de la auténtica programación al uso de software, el control del funcionamiento o la introducción de datos.*
*Para dedicarse a esta profesión es necesario poseer una titulación específica o una cualificada experiencia profesional. Es imprescindible saber inglés, sobre todo técnico.*

### ⇒ The Work

Depending on the type of employment, a Computer operator undertakes one or more of the following:
• Works in an organisation which has a large, multi-user computer system.
• Controls and monitors the operation of the computer system.
• Works with the computer mainframe system and peripheral equipment such as printers and disk drives.
• Enters data and runs programs using a keyboard and monitor.
• Oversees the processing of information and retrieves program output.
• Checks the machines for computer viruses and organises routine maintenance.
• Responds to error messages on computer screens, noting the message and either taking action to remedy the problem or calling a computer engineer.
• Keeps system running by cleaning equipment, loading paper in printers and putting tapes in drives.
Some Computer operators may work normal office hours from Monday to Friday, but in many cases the work is organised on a shift system which covers evenings and/or weekends.

### ⇒ Entry

Training is often given on-the-job, either through an employer's training scheme. Previous work experience in an aspect of computing is useful for entry to this job. Employers may require applicants to pass a practical aptitude test.

### ⇒ Useful subjects

The following subjects within the National Qualifications framework are relevant:
• English and/or Communication
• Mathematics
• Computing
• Computing studies
• Information systems

## Personal qualities

• Good powers of concentration
• Methodical approach and attention to detail when following instructions
• General computer aptitude and good keyboard skills
• Technical aptitude
• Conscientious approach with good sense of responsibility

## Career development

Openings for Computer operators are decreasing, as many computer systems are now automated. Jobs tend to be based in the technical department of large organisations such as local authorities, commercial and industrial concerns, financial institutions or computer manufacturers. Once you have gained experience on the job and have developed your skills, you may be able to move on. With experience, it may be possible to gain a supervisory post as head operator. More advanced training may lead to a post in data processing management.

## Address

The following organisation may be able to provide further information:
• e-skills National Training Organisation
E-mail: info@e-skillsnto.org.uk
Web: www.e-skillsnto.org.uk

## TELEOPERADOR/A – CALL CENTRE AGENT

*Un teleoperador desempeña funciones de tipo informativo y de asistencia técnica telefónica para una empresa o una asociación de empresas. Generalmente sus funciones tienen que ver con la atención a los clientes que, gracias a una línea gratuita, pueden acceder a los servicios específicos o fijar citas para actividades de asistencia técnica. Para desarrollar esta actividad el operador de centralita debe tener acceso a las bases de datos informativas y ser capaz de resolver con gran rapidez la solicitud del cliente.*

### The Work

Provides a reception service for incoming enquiries by telephone.
Uses a telephone headset so that hands are free to use computer or possibly refer to books or leaflets.
Answers enquiries by telephone, in a helpful, polite manner, listening carefully to clients requests and comments.
Makes outgoing calls to clients, also using a «script» provided by the employer.
Keeps accurate records of clients. May enter details on the computer at the same time as speaking on the telephone.
Treats all client information in a confidential manner.
Provides accurate information to clients.
May send information out to clients, or may arrange for other staff to send out information. Must be aware that conversations with clients are often recorded for training purposes and to check on quality of service.
Work is usually in large open-plan offices. Staff usually have a target number of calls to make in a certain time. Staff are given clear guidelines about the information they can deal with and there are team supervisors to help with problems.
Hours may include shift work, possibly over 24 hours per day and 7 days per week. There may be opportunities for flexible or part-time work. At busy times, operators may be asked to do extra shifts, sometimes at short notice.

### Entry

Formal qualifications are not normally required.
Though not required, taking qualifications may help you gain entry to this work. Training would be mainly on-the-job, arranged by employers. There are also some short full-time and part-time courses in Call Centre Operations run at further education colleges. Many employers prefer that applicants are at least 18 years old. Many employees are older.

### Useful subjects

Among the useful subjects you can study are:
• English and/or Communication
• Mathematics
• Social and Vocational skills

## Personal qualities

• Pleasant manner
• Ability to listen carefully
• Clear, lively speaking voice
• Self-confidence
• Enthusiasm
• Helpfulness
• Ability to remain calm when working under pressure
• Ability to remain calm when dealing with difficult clients

## Career development

Once you have gained experience on the job and have developed your skills, you may be able to move on. The number of jobs in call centres is increasing, as companies carry out more business by telephone. For experienced Call centre agents, there may be opportunities to progress to work as a supervisor, responsible for a team of about 6-10 agents. Supervisors make sure that work goes smoothly and deal with any problems which arise. It may then be possible to progress to Team manager. This job can involve working out training programmes and targets. It may also involve writing «scripts» for agents to use.

# Ejemplos de currículos

En las páginas siguientes se presentan numerosos ejemplos de currículos, tanto en español como en inglés, de diferentes perfiles profesionales. Cualquier candidato a un puesto de trabajo puede utilizarlos como base o punto de partida para elaborar su propio currículum vítae.

# AUXILIAR CONTABLE

María Sepúlveda Saavedra
C/ Gran Vía, 24, 4.º
28013 Madrid
Tel.: 512 444 201
30 años

AUXILIAR CONTABLE

CAPACIDADES Y APTITUDES
Contabilidad
Reorganización del sistema de pago a clientes y distribuidores
Creación de un nuevo sistema de gestión de la producción
Elaboración de un sistema para determinar las amortizaciones
Informática
Tratamiento de textos: Works, Word 98
Hojas de cálculo: Works, Excel
Programas de contabilidad: Ordicompta, Ordiventes, Altéus

EXPERIENCIA PROFESIONAL
1996-1999: auxiliar contable en X, España: fábrica de cabinas de ascensores
(56 trabajadores)

1992-1996: auxiliar contable en Y, España: agencia publicitaria
(24 trabajadores)

FORMACIÓN
1989: diploma profesional en Administración y Secretariado

1991: curso de especialización de dos años en Administración y Contabilidad

ESPECIALIZACIONES
Seis semanas de prácticas en una empresa comercial: oficina de cobros
Departamento de contabilidad y jurídico: contabilidad en inglés

IDIOMAS
Buen conocimiento del inglés en el ámbito profesional

AFICIONES
Tesorera de un club de atletismo

# ACCOUNTING ASSISTANT

María Sepúlveda Saavedra
C/ Gran Vía, 24, 4.°
28013 Madrid
Spain
Tel.: 512 444 201
30 years old

ACCOUNTING ASSISTANT

SUMMARY OF QUALIFICATIONS
Accounting
Reorganised customers and suppliers payments follow-up
Designed a new production management system
Designed a follow-up system for amortizations
Data processing
Word Processing: Works, Word 98
Spreadsheets: Works, Excel
Accounting softwares: Ordicompta, Ordiventes, Altéus

JOB HISTORY
1996-1999: accounting assistant for X, Spain: manufacture of lift cages
(56 employees)

1992-1996: accounting assistant for Y, Spain: advertising agency
(24 employees)

EDUCATION
1989: professional diploma in Administrative management and Secretaryship

1991: two years technical Degree in Management and Accounting

ADDITIONAL TRAINING
6 weeks traineeship: debt collection department
Legal and accounting department: English accounting

LANGUAGES
English: working knowledge

HOBBIES
Treasurer of an athletics club

# ADMINISTRADOR/A DELEGADO/A

Carolina Delgado Portillo
Pl. España, 13, 2.º
24009 León
Tel.: 587 445 112

ADMINISTRADORA DELEGADA DE UNA EMPRESA DE COSMÉTICOS

EXPERIENCIA PROFESIONAL
De 1990 a la actualidad: directora general de una empresa de cosméticos
(120 trabajadores, X millones de euros de facturación):
• lanzamiento de una nueva gama de productos dirigidos a los adolescentes
• reorganización del sistema de suministro
• aumento de las ventas en un 35%

1985-1990: ventas y marketing:
• desarrollo de las directivas para una nueva estrategia de marketing
• elaboración de informes semanales de previsión de las tendencias del
  mercado
• introducción de un nuevo sistema de clasificación de los distribuidores
• reducción de los costes de producción en un 15%

PUBLICACIONES
Redacción de artículos para revistas femeninas
Redacción de artículos para revistas científicas en colaboración con un
dermatólogo

FORMACIÓN
Título universitario de Empresariales

IDIOMAS
Inglés: buen conocimiento escrito y oral

AFICIONES
Campeona de ajedrez de un equipo regional

# MANAGING DIRECTOR

Carolina Delgado Portillo
Pl. España, 13, 2.º
24009 León
Spain
Tel.: 587 445 112

MANAGING DIRECTOR OF A COSMETICS COMPANY

JOB HISTORY
1990-present: managing director of a cosmetics company (120 employees, turnover: X million euro)
• launched a new range of products for teenagers
• reorganised the whole supplying system
• increased sales by 35%

1995-1990: sales and marketing
• developed guidelines for a new marketing strategy
• wrote weekly reports to predict market trends
• introduced a new suppliers qualification system
• reduced production costs by 15%

PUBLICATIONS
Wrote articles for women magazines
Wrote articles for scientific magazines in joint authorship with a dermatologist

EDUCATION
University Business and Economics diploma

FOREIGN LANGUAGES
English: good skills, both written and spoken

HOBBIES
Chess champion in a regional club

# ADJUNTO/A A LA DIRECCIÓN GENERAL

Óscar Latorre Carmona
C/ de las Margaritas, 78
29001 Málaga
Tel.: 551 236 226
35 años

ADJUNTO AL DIRECTOR GENERAL

FORMACIÓN
1983: título de Bachiller científico

1985: curso de dos años de duración de Técnico en Organización y Gestión de Empresas

1990: licenciatura de Ingeniería Industrial en Gestión de la Producción

FORMACIÓN COMPLEMENTARIA
Seguros
Gestión de mercaderías
Servicio posventa

EXPERIENCIA PROFESIONAL
1992-1993: adjunto a la dirección en una empresa de fabricación de tejidos:
• participación en el saneamiento de la empresa: aumento de la facturación en un 20%
• elaboración del balance anual
• creación de un sistema informatizado de gestión de la producción: aumento de la rentabilidad en un 10%
• análisis de costes: reducción de los costes comerciales en un 17%

1994-1996: analista contable en una empresa dedicada a la fabricación de cojinetes de bolas
• puesta a punto de un sistema de producción informatizado
• análisis y mejora de los flujos de caja
• diversificación de las fuentes de financiación y suministro

1996-1998: control de gestión en una empresa de fabricación de embalajes:
• elaboración de la cuenta de pérdidas y ganancias mensual
• análisis de los resultados

1998-2000: director de proyecto en la gestión de provisiones en una fábrica de tambores de freno para la industria automovilística:
• análisis de los costes indirectos
• puesta a punto de un nuevo sistema de gestión del almacén

OTRAS ACTIVIDADES
Secretario del club ciclista local

# ASSISTANT TO THE MANAGING DIRECTOR

Óscar Latorre Carmona
C/ de las Margaritas, 78
29001 Málaga
Spain
Tel.: 551 236 226
35 years old

ASSISTANT TO THE MANAGING DIRECTOR


EDUCATION
1983: Spanish diploma equivalent to the British Higher Certificate (option: Sciences)

1985: two years technical Degree in Management and Organisation

1990: university Degree in Production management Engineering


ADDITIONAL TRAINING
Insurance
Stock management
After-sale services


WORK HISTORY
1992-1993: management assistant n a company manufacturing nets:
• took part in the company turnaround: increased turnover by 20%
• drew up the accounts for the financial year
• implemented a computer aided production management system: increased
  profitability by 10%
• analysed the operating expenses: reduced charges by 17%

1994-1996: cost accountant in a company manufacturing roller-bearings:
• implemented a computer aided production management system
• analysed and improved capital flows
• diversified the supplying and funding sources

1996-1998: management controller in a company manufacturing cardboard boxes:
• drew up monthly trading accounts
• analysed results

1998-2000: project manager, stock management in a company manufacturing
brake drums for the car industry
• analysed supplying costs
• implemented new stock management processes


ADDITIONAL KNOWLEDGES
Secretary of the local cycling club

# ADJUNTO/A A LA DIRECCIÓN GENERAL

Cecilia Romero Gabás
C/ Valencia, 23, 4.º
50002 Zaragoza
Tel.: 576 558 155
50 años

ADJUNTA A LA DIRECCIÓN GENERAL


EXPERIENCIA PROFESIONAL
De 1990 a la actualidad: adjunta a la dirección y auxiliar contable en una fundición:
• análisis de la producción, presupuesto, contabilidad y pagos
• uso de herramientas informáticas de la empresa
• creación de un sistema informatizado para la gestión de los vehículos a disposición de los empleados

1981-1990: auxiliar contable en una empresa de comercialización de embalajes de cartón:
• gestión de la contabilidad de clientes
• gestión de la contabilidad de proveedores
• actualización de los libros de caja

1975-1980: secretaria en el estudio de un geómetra

1971-1975: secretaria comercial

FORMACIÓN
1968: título de Secretaria

1971: posgrado en Ciencia y Tecnología con especialización en Organización e Informática

FORMACIÓN ESPECIALIZADA
Curso de formación «Cómo ser un experto en control de gestión»
Curso de formación (IBM Zaragoza) «Herramientas para procesamiento de datos»

CONOCIMIENTOS INFORMÁTICOS
Ofimática: Excel, Word, Works, Access 2
Contabilidad: Spiga
Desarrollo: Visual Basic

AFICIONES
Profesora de un curso de alfabetización dirigido a trabajadores extranjeros

# ASSISTANT TO THE MANAGING DIRECTOR

Cecilia Romero Gabás
C/ Valencia, 23, 4.º
50002 Zaragoza
Spain
Tel.: 576 558 155
50 years old

ASSISTANT TO THE MANAGING DIRECTOR


WORK HISTORY
1990-today: assistant to the managing director and assistant accountant in a foundry:
• drew up production analysis and budgets, pay slips
• used an internal software
• created computerised management of vehicles at the disposal of the employees

1981-1990: assistant accountant for a company selling cardboard boxes:
• managed the clients accounts
• suppliers bookkeeping
• kept the cash book

1975-1980: secretary in a building surveyor's office

1971-1975: business secretary

EDUCATION
1968: Secretary Degree

1971: Certificate granted after completing secondary studies in Sciences and Technologies (option: Management and data processing)

ADDITIONAL TRAINING
Vocational training: «How to become a cost controller»
Vocational training (IBM Zaragoza): «Data processing tools»

DATA PROCESSING
Office automation: Excel, Word, Works, Access 2
Bookkeeping: Spiga
Development: Visual Basic

HOBBIES
Instructor in reading and writing course for foreign workers

## AUXILIAR EN TECNOLOGÍA DE LA INFORMACIÓN

Antonio Pernas Orozco
**Dirección**            C/ Rosario, 29, 1.º
                        01022 Vitoria
**Teléfono**             545 223 578
**Fecha de nacimiento**  15 de febrero de 1980

AUXILIAR EN TECNOLOGÍA DE LA INFORMACIÓN (TI)

FORMACIÓN
1995-2000: título de Bachillerato científico conseguido en el Instituto Leonardo da Vinci

EXPERIENCIA PROFESIONAL
Desde el 2001 Universidad de Álava – Auxiliar en el departamento de Tecnología de la Información
Responsabilidades:
• gestión de los problemas de TI en estrecho contacto con el responsable
• auxiliar de gestión de la puesta a punto de los problemas audio-vídeo en las presentaciones
• actividades de apoyo para la resolución de problemas básicos y de relación (mensajes de petición de solicitud de ayuda)

CONOCIMIENTOS INFORMÁTICOS
MS Windows, MS Word, WordPerfect, Visual Basic

INTERESES PERSONALES
Miembro del equipo de fútbol del instituto, informática y ciclismo

# IT SUPPORT ASSISTANT

Antonio Pernas Orozco
**Address**        C/ Rosario, 29, 1.ᶜ
                   01022 Vitoria (Spain)
**Telephone**      545 223 578
**Date of birth**  15th February 1980

IT SUPPORT ASSISTANT


EDUCATION
1995-2000: Diploma at Liceo scientifico Leonardo da Vinci – final result 95/100

EXPERIENCE
Since 2001 – IT Support University of Álava
Responsibilities:
• assisted the IT Support Officer
• assisted with setting up audio visual equipment for presentations
• covered IT help desk – answering basic enquiries and taking messages

COMPUTER SKILLS
MS Windows, MS Word, WordPerfect, Visual Basic

INTERESTS
Member of school football team, computing and cycling

# AGENTE TURÍSTICO/A

Elena Baile Puig
C/ Nuestra Señora de la Guardia, 12, 2.º
43001 Tarragona
577 455 121
30 años

AGENTE TURÍSTICA
Conocimiento de tres idiomas: francés, inglés y alemán

FORMACIÓN
1998: título de Bachillerato

1990: curso de formación profesional de dos años de duración de Secretaria trilingüe (francés, inglés y alemán)

EXPERIENCIA PROFESIONAL
1992-1995: hotel en Tarragona (tres estrellas)
• encargada de la centralita
• recepcionista
• responsable de los clientes extranjeros

1995-2000: agente en la Oficina de información turística de Tarragona
• dirección de un equipo de tres trabajadores
• recepcionista
• organización de visitas guiadas en castellano, inglés y alemán
• organización de actos especiales (Festival de cine de Sitges, pase de modelos en verano)
• administración de los ingresos
• asistente en eventos especiales como el Festival de cine de Sitges, el pase de modelos de verano y otros festivales
• organización de excursiones y visitas con agencias de viaje y operadoras mayoristas

EXPERIENCIA COMPLEMENTARIA
Diversas actividades como asistente con motivo de salones y exposiciones profesionales
Intérprete del alcalde de la ciudad
Acompañante en los viajes a Francia organizados por el comité de hermanamiento de la ciudad
Participación como voluntaria en el Festival de cine de Sitges

AFICIONES
Jugadora de tenis aficionada
Danza moderna y africana

# HOSTESS

Elena Baile Puig
C/ Nuestra Señora de la Guardia, 12, 2.º
43001 Tarragona
Spain
577 455 121
30 years old

HOSTESS
Trilingual: French, English, German

EDUCATION
1988: Spanish secondary school diploma

1990: two years technical Degree in trilingual secretaryship (French, English, German)

WORK HISTORY
1992-1995: hotel of Tarragona
• switchboard operator
• reception clerk
• in charge of foreign customers

1995-2000: Tarragona Tourist Information Centre: hostess
• managed a team of three hostesses
• reception clerk
• organised guided tours in Spanish, in English and in German
• organised special events (Film festival, Summer Défilée)
• managed receipts
• hostess during events such as Film Festival and Summer Défilée
• organised excursions and tours with travel agencies and tour operators

ADDITIONAL EXPERIENCE
Various jobs as a hostess in professional shows and exhibitions
Interpreter for the city mayor
Tour courier during trips to France organised by the local twinning association
As a volunteer, took part to the Sitges Film Festival

HOBBIES
Ranked tennis player
Modern and African dance

# BIBLIOTECARIO/A

**Nombre:** Asunción López Márquez
**Fecha de nacimiento:** 12 de octubre de 1963
**Domicilio:** C/ Montana, 20, 1.º, 27001 Salamanca
**Nacionalidad:** española
**Teléfono:** (horario de oficina) 523 115 445

OBJETIVO PROFESIONAL
Interesada en un puesto de responsabilidad en la Biblioteca de Castilla y León

FORMACIÓN
Universidad de Salamanca – Diplomatura en Biblioteconomía

EXPERIENCIA PROFESIONAL
De enero de 1988 a la actualidad: Caja de Ahorros de Salamanca y Soria
Auxiliar bibliotecaria
Destinada a las actividades de investigación a través de diferentes fuentes
informativas, incluida la búsqueda en Internet. En el ámbito de dichas
actividades, realización de un boletín informativo semanal, dedicado al
presupuesto y gestión de las adquisiciones de la biblioteca

De julio de 1986 a enero de 1988: Sociedad General de Autores y Editores
Auxiliar bibliotecaria

COMPETENCIAS ESPECIALES ASUMIDAS
Recatalogación de la biblioteca de la Sociedad General de Autores y Editores

OTROS DATOS
Miembro de la asociación de biblioteconomía
Permiso de conducir
Inglés y francés fluidos, nociones de alemán

INTERESES PERSONALES
Poesía, literatura estadounidense del siglo xx, voleibol, ópera y danza

# LIBRARIAN

**Name:** Asunción López Márquez
**Date of birth:** October 12th, 1963
**Address:** C/ Montana, 20, 1.°, 27001 Salamanca (Spain)
**Nationality:** Spaniard
**Telephone:** 523 115 445

OBJECTIVE
Librarian at Library of Castilla y León

EDUCATION
University of Salamanca – Diploma in Library Studies

EMPLOYMENT
January 1988 to date: Caja de ahorros de Salamanca y Soria
Assistant Librarian
Dealing with enquiries using various sources including on-line searching (Dialog
and Dun and Bradstreet); producing a weekly current awareness bulletin;
budgeting for library acquisition

July 1986 to January 1988: Spanish Authors Society
Library Assistant

PERSONAL ACHIEVEMENTS
Re-catalogued the library of Spanish Authors Society

OTHER INFORMATION
Chartered member of Library Association
Full driving licence
Fluent French and English and working knowledge of German

INTERESTS
Poetry, twentieth-century American literature, volleyball, opera and ballet

# RESPONSABLE DE COMPRAS

Miguel Costa Coll
C/ Costanilla del parque, 42, 2.º
03002 Alicante
Teléfono domicilio: 563 225 788
Teléfono oficina: 563 115 445
30 años

RESPONSABLE DE COMPRAS PARA LA EMPRESA X
Presupuesto gestionado: X millones de euros

EXPERIENCIA PROFESIONAL
1995-2002: responsable del departamento de compras en la empresa X especializada en la elaboración de chapas (20.000 artículos: materias primas, maquinaria, suministros y mobiliario de oficina, seguridad e higiene, protección contra incendios)
En esta empresa:
• he aprendido a conocer toda la gama de artículos
• he reducido los costes de provisiones en un 15% gracias a una rigurosa selección de los proveedores
• he reducido los costes generales en X millones de euros
• he reorganizado los métodos de abastecimiento para responder mejor a las necesidades de los diferentes sectores productivos

IDIOMAS
Italiano: leído, escrito y hablado
Inglés: buen nivel

VARIOS
Monitor de colonias de verano para niños

# BUYER

Miguel Costa Coll
C/ Costanilla del parque, 42, 2.°
03002 Alicante
Spain
Home number: 563 225 788
Office number: 563 115 445
30 years old

BUYER FOR X
Budget: X million euro

WORK EXPERIENCE
1995-2002: responsible for the supplies department at X, a company manufacturing sheet-iron and steel-plate (20.000 items: raw materials, machines, office equipment and stationery, office appliances, security items, fire protection devices)
• Learned to know the whole range of items
• Reduced the supplies costs by 15% thanks to a strict selection of our suppliers
• Achieved a X million euro saving
• Reorganised the supplying methods in order to satisfy more precisely the needs of the various production lines

LANGUAGES
Italian: read, written, spoken
English: good working knowledge

ADDITIONAL SKILLS
Assistant in children holidays camps

# CONSULTOR/A

Virginia Martí Riera
C/ Gran Vía, 123, 3.º
08011 Barcelona
Tel. y fax: 534 522 866

CONSULTORA

FORMACIÓN
1970: título de Bachiller (lenguas: inglés y francés)
1974: título de licenciada en Geografía de la Universidad de Barcelona
1978: diploma de Estudios africanos del Centro de estudios de África negra
1981: doctorado de Geografía en la Universidad de Barcelona; tema de la tesis: «Agricultura y desarrollo en la región de Niamey, Nigeria»

EXPERIENCIA PROFESIONAL
**Actividades de consultoría**
• 1986-1988: fundación de una agencia de viajes en Niamey (Nigeria) y organización de circuitos turísticos
• 1988: consultoría para International: evaluación socioeconómica del proyecto de desarrollo turístico de la región de Aïr (Nigeria)
• 1991: estudio para la realización de un catálogo de artesanía nigeriana
• 1993: estudio técnico y sociológico en el campo de la aplicación de instrumentos educativos ofrecidos a poblados por el gobierno japonés (cooperación japonesa en Nigeria)
• 1995: evaluación técnica y financiera del proyecto de forestación de la zona de pastoreo del norte de Nigeria
• 1997: responsable de la organización logística del rally París-Dakar en Nigeria

**Actividades de docencia**
• 1978-1984: profesora de Historia y geografía en un instituto de Naomey (Nigeria)
• 1984-1990: profesora de Historia y geografía en el Instituto de Bachillerato Verdaguer de Barcelona
• De 1990 en adelante: titular de la cátedra de Historia y geografía en un instituto de enseñanza secundaria de Barcelona

IDIOMAS
Inglés fluido
Nociones de francés

OTROS DATOS DE INTERÉS
Participación en diversas muestras de artesanía nigeriana
Redacción de artículos sobre artesanía de Nigeria para la revista *Noire*
Informática: Microsoft Office 97 (Word, Excel)

AFICIONES
Cinturón negro de judo

# CONSULTANT

Virginia Martí Riera
C/ Gran Vía, 123, 3.°
08011 Barcelona
Spain
Tel. and fax: 534 522 866

CONSULTANT

EDUCATION
• 1970: bachelor (foreign languages: English and French)
• 1974: University of Barcelona – Geography Degree
• 1978: post-graduate Degree granted 5 years in African culture studies.
• 1981: Master in Geography, University of Barcelona – Subject: «Agriculture and development in the area of Niamey, Niger»

PROFESSIONAL SKILLS
**Consultant**
• 1986-1988: created a travel agency in Niamey (Niger) and organised tours
• 1988: consultant for International: social and economical assessment of the project concerning the touristic development of Aïr (Niger)
• 1991: in charge of a survey with a view to creating a catalogue about handicraft in Niger
• 1993: technical and sociological study as part of the reception of an educational equipment given to villages groups by Japanese government
• 1995: technical and financial assessment of the project concerning reforestation of the north Niger pastoral area
• 1997: responsible for logistics of the Paris-Dakar rallye in Niger

**Teacher**
• 1978-1984: History and Geography teacher in Niamey (Niger)
• 1984-1990: History and Geography teacher, Verdaguer Secondary School of Barcelona
• Since 1990: History and Geography teacher in a secondary school in Barcelona

LANGUAGES
Fluent English
Slight knowledge French

MISCELLANEOUS
Took part in various handicraft displays from Niger
Wrote articles about handicraft from Niger in «Rivista africana»
Data processing: Microsoft Office 97 (Word, Excel)

HOBBIES
Judo black belt

# CONTABLE

Lucía Castro García
C/ Marineros, 5, 3.º
19002 Guadalajara

Teléfono: 549 566 255
Teléfono móvil: 552 411 422

Nacida en Guadalajara el 3 de junio de 1963
Casada, 1 hija (12 años)

CONTABLE

FORMACIÓN
1982: título de FP en Contabilidad

1984: curso de posgrado en Administración y Contabilidad

1988: curso «Gestión de almacenaje»

1997: curso «Informática» (Word, Excel)

EXPERIENCIA PROFESIONAL
De 1992 a 2002: contable en una gestoría
• responsable de la gestión administrativa de 15 clientes importantes
• gestión de la contabilidad general por ordenador
• elaboración de balances
• preparación de declaraciones de impuestos

De 1988 a 1992: auxiliar contable en una fábrica de mobiliario
• gestión de la contabilidad
• control financiero
• creación de un nuevo sistema de gestión de la contabilidad después de
  introducir un nuevo soporte informático

De 1985 a 1988: secretaria auxiliar contable en un gabinete de abogados

CONOCIMIENTOS INFORMÁTICOS
Programas de contabilidad: los principales, en especial Spiga,
Word, Excel

INTERESES PERSONALES
Tesorera del Comité de la Cruz Roja de Guadalajara

# ACCOUNTANT

Lucía Castro García
C/ Marineros, 5, 3.°
19002 Guadalajara
Spain

Phone: 549 566 255
Mobile: 552 411 422

Born in Guadalajara on 1963, June 3rd
Married, one daughter (12 years old)

ACCOUNTANT

EDUCATION
1982: Spanish professional diploma – option: accounting

1984: graduate course in Management and accounting

1988: training in «Stock management»

1997: data processing training, Word and Excel

JOB HISTORY
1992-2002: accountant in a chartered accountancy firm:
• in charge of 15 salesmen and craftsmen dossiers
• general accountancy on a computer
• draw up balance sheets and accounts reviews
• draw up income-tax returns

1988-1992: accounting assistant in a company manufacturing pieces of furniture:
• follow-up of the customers accounts
• financial control
• optimised management of accounting operations further to the installation of a new data processing system

1985-1988: secretary, bookkeeper for a solicitors firm:

ADDITIONAL KNOWLEDGES
Data processing: Spiga and the main accounting softwares
Word, Excel

HOBBIES
Treasurer for the Red Cross Committee in Guadalajara

# COCINERO/A

Mario Sanagustín Rubio
C/ Santa María de la Salud, 18, 2.°
41023 Sevilla
Tel. casa: 552 123 555
Tel. móvil: 570 600 125

PERFIL PROFESIONAL
Cocinero con 20 años de experiencia (especialista en cocina china)

EXPERIENCIA PROFESIONAL
1979-1982: ayudante de cocina en el restaurante Tropicana (Sevilla, 60 cubiertos)

1982-1987: jefe de cocina en el restaurante El Tenedor Rojo (Sevilla,
70 cubiertos):
• preparación de menús y cartas
• gestión de almacén y bodega
• a cargo de un equipo de trabajo de 6 personas

1987-1997: jefe de cocina del restaurante Rex (Granada, 120 cubiertos,
especialidades chinas):
• preparación de menús y cartas
• organización de cócteles (bufets, celebraciones especiales)
• responsable de seguridad e higiene
• gestión de almacén y bodega

1997-2002: jefe de cocina del embajador chileno en Madrid

FORMACIÓN
1977: título de la Escuela de Hostelería
1979: curso de especialización como cocinero-técnico de servicios de cocina

PRÁCTICAS EN EMPRESAS
Hotel Las Rozas de Madrid: formación en el ámbito de la gestión del restaurante

INFORMACIÓN ADICIONAL
Tenedor de plata en el Concurso de cocina internacional de la Cámara
de Comercio de Madrid
Especialista en cocina oriental y asiática
Medalla de Oro en un concurso de cocina asiática celebrado en Sevilla

AFICIONES
Caza, pesca de trucha

IDIOMAS
Excelente nivel de inglés
Buen nivel de francés

Referencias personales a petición del interesado

# COOK

Mario Sanagustín Rubio
C/ Santa María de la Salud, 18, 2.ᶜ
41023 Sevilla (Spain)
Phone: 552 123 555 home
Mobile: 570 600 125

PROFESSIONAL PROFILE
Cook with over 20 years experience (specialist in Chinese cooking)

WORK EXPERIENCE
1979-1982: cook in Tropicana Restaurant (Sevilla, Spain, 60 customers)

1982-1987: chef in the restaurant El Tenedor Rojo (Sevilla, Spain, 70 customers)
• prepared menus and meals
• managed the suppliers and supplying
• supervised a team of six persons

1987-1997: chef in the restaurant Rex (Granada, Spain, 120 customers, Chinese specialities):
• managed a team of ten persons
• elaborated the menus and prepared the meals
• organised cocktails (buffets, special operations)
• responsible for hygiene
• managed the suppliers and supplyings

1997-2002: chef in the residence of the Chilean ambassador in Madrid (Spain)

EDUCATION
1977: Degree of Cooking school

1979: certificate of Cooking techniques and services

TRAINING PERIODS
Las Rozas Hotel, Madrid: training in restaurants management

ADDITIONAL INFORMATIONS
«Silver Fork» (2nd prize) at the International cooking competition for the Chamber of Commerce of Madrid (Spain)
Specialist in Asian and Chinese cooking
Gold medal (1st prize) at the competition in Asian cooking of Sevilla

HOBBIES
Hunting, trout fishing

LANGUAGES
Fluent English
Good knowledge of French

References on request

# DIRECTOR/A COMERCIAL

Manuel López Revilla
C/ del Pez, 49, 3.°
08011 Barcelona
Tel.: 535 422 788
37 años

DIRECTOR COMERCIAL

EXPERIENCIA PROFESIONAL
1995-1999: director comercial en la sede central de la empresa X,
concesionario de vehículos comerciales e industriales. Venta y distribución
de piezas de recambio:
• responsable de los estudios de estrategia y miembro del comité de gestión
• gestión de una operación de apoyo al estudio y desarrollo de la empresa
• gestión de recursos humanos
• supervisión de las actividades de la filial británica de la empresa

1990-1995: director de una filial de la empresa Z especializada en la
comercialización de material de reprografía con funciones de atención al cliente:
• reestructuración y selección del personal
• organización de prácticas formativas para el personal
• responsable de las funciones comerciales, de personal y compras

1988-1990: comercial en la empresa Z (comercialización de material para
reprografía) con las siguientes funciones:
• negociación
• planificación de las entregas de los proveedores
• gestión de los aprovisionamientos y los stocks

FORMACIÓN
1981: diploma de FP de Contabilidad

1983: título universitario por un curso de dos años de Administración
Económica y Social con especialización en Legislación Comercial

1988: licenciatura en Empresariales (pequeñas y medianas empresas)
de la Universidad de Barcelona

VARIOS
Informática
• Tratamiento de textos: Word 97, Word Pro, Corel WordPerfect 7
• Hojas de cálculo: Excel, Lotus 123
• Bases de datos: Access 97
• Contabilidad: Spiga
• Otros: PowerPoint, Freelancegraphics

INTERESES PERSONALES
Guía de montaña y monitor de esquí

# BUSINESS MANAGER

Manuel López Revilla
C/ del Pez, 49, 3.º
08011 Barcelona (Spain)
Tel.: 535 422 788
37 years old

BUSINESS MANAGER

## WORK HISTORY
1995-1999: Business manager at the company's head office, industrial and commercial vehicles dealer. Sale and distribution of spare parts:
• responsible for strategic studies, member of the management committee
• managed a process to assist Research and Development in the company
• managed human resources
• followed up the activities of the British subsidiary

1990-1995: branch manager in the company Z marketing reprography equipment:
• restructured the branch and recruited employees
• organised training programs for the staff
• responsible for marketing, staff management and supplies functions

1998-1990: sales representative company Z marketing reprography equipment:
• negotiations
• followed up supplies planning by subcontractors
• managed the supplies and followed up the spare parts stocks

## EDUCATION
1981: certificate granted after completing secondary studies in Management and Accountancy

1983: two years university Degree in Social and economical management, option Commercial law

1988: five years university Degree: Management of small and medium sized industrial firms in University of Barcelona

## ADDITIONAL KNOWLEDGES
Data processing
• Word processing: Word 97, Word Pro, Corel WordPerfect 7
• Spreadsheets: Excel, Lotus 123
• Database: Access 97
• Bookkeeping: Spiga
• Miscellaneous: PowerPoint, Freelancegraphics

## HOBBIES
Mountaineering instructor, holder of a mountaineer certificate
Skiing instructor

# DIRECTOR/A DE PERSONAL

Miguel Campo Requena
C/ Mayor, 16, 4.°
28001 Madrid
Tel.: 514 258 888

RESPONSABLE DE RECURSOS HUMANOS

COMPETENCIAS PROFESIONALES
**Desarrollo y formación de personal**
Diseño y organización de las sesiones de formación de personal sobre:
• planificación del trabajo en equipo
• informática
• control de calidad

**Gestión de personal**
Evaluación de las cualidades de los candidatos
Evaluación de las cualidades profesionales individuales
Organización de los nuevos equipos para aumentar la eficacia y la rentabilidad
Creación y organización de nuevas políticas de gestión de personal
Trabajo en estrecha colaboración con el resto de departamentos (ventas, marketing, comunicación)

**Resultados obtenidos**
He reducido los conflictos laborales en un 15%
He aumentado los beneficios en un 20%
He contribuido al mantenimiento de mi empresa en cabeza del sector

EXPERIENCIA PROFESIONAL
1990-1999: director de recursos humanos en la empresa X (producción de fertilizantes y productos químicos, 200 trabajadores, facturación anual: X millones de euros)

1985-1990: director del departamento de ventas de la empresa X (producción de fertilizantes y productos químicos, 200 trabajadores, facturación anual: X millones de euros)

1980-1985: director del departamento de compras en la empresa Y (producción de piezas de recambio para electrodomésticos, 180 trabajadores, facturación anual: X millones de euros)

FORMACIÓN
Master en Business administration

INTERESES PERSONALES
Actividades voluntarias de secretariado en un club de fútbol

# HUMAN RESOURCES MANAGER

Miguel Campo Requena
C/ Mayor, 16, 4.°
28001 Madrid
Spain
Tel.: 514 258 888

HUMAN RESOURCES MANAGER

PROFESSIONAL ACHIEVEMENTS
**Staff training and development**
Design and organise staff training sessions on:
• equipment operation
• data processing
• quality control

**Staff manager**
Assess the skills of applicants
Assess individual work performance
Organise new teams to increase efficiency and rentability
Design and implement new staff management policies
Develop a strong liaison network with the staff
Work closely with the other departments (sales, marketing,
communication...)

**Outcome**
Reduced labour disputes by 15%
Increased profitability by 20%
Contributed to maintain the leading position in the sector

JOB HISTORY
1990-1999: Human resources manager for X (production of fertilizers and
chemicals): 200 employees, turnover: X million euro

1985-1990: Sales department manager for X (production of fertilizers and
chemicals): 200 employees, turnover: X million euro

1980-1985: Supplies department manager for Y (production of spare parts
for the domestic appliances): 180 employees, turnover: X million euro

EDUCATION
Master in Business administration

EXTRACURRICULAR ACTIVITIES
Volunteer secretary for a football club

# DIRECTOR/A DE RECURSOS HUMANOS

María Rodríguez Méndez
C/ Gran Vía, 4, 2.°
28001 Madrid
Tel.: 514 565 333
Correo electrónico: rodrig@hotmail.com

DIRECTORA DE RECURSOS HUMANOS

PERFIL PROFESIONAL
Directora de Recursos humanos cualificada con una dilatada experiencia profesional y probada competencia en el área de la dirección financiera y administrativa de los recursos humanos. Óptima capacidad para relacionarse con las personas, de coordinación y negociación, apoyada por un enfoque positivo de las diversas tareas encomendadas. Actualmente en busca de un puesto de senior manager que le permita utilizar las cualidades y conocimientos adquiridos y poner en marcha posteriormente nuevos proyectos, con especial interés por el mundo anglosajón y el ámbito comercial y legislativo.

EXPERIENCIA PROFESIONAL
**De 1999 a la actualidad** Directora de Recursos humanos de Kirschen Mobile Telecommunications, Kuwait
Responsable de un equipo de 15 personas (muy dinámicas)
Gestión de todas las fases: contratación, formación, aspectos retributivos y beneficios, organización
Reorganización de los procesos de selección
Desarrollo de un proyecto de evaluación y desarrollo de los recursos humanos
Gestión de todas las relaciones con la dirección general
Gestión de las relaciones con los otros departamentos de la empresa, con especial referencia a las necesidades formativas y de selección/contratación

**De 1998 a 1999** Directora de Recursos humanos de Microsoft USA
Gestión de actividades de apoyo a los diferentes departamentos en cuanto a necesidades de recursos humanos se refiere
Frecuentes contactos con las diferentes sedes de la empresa (Gran Bretaña, Europa, Sudáfrica)
Gestión de las relaciones con el director central de Recursos humanos

**De 1997 a 1998** Responsable del área de gestión de retribuciones y beneficios de Airtel, Madrid
Desarrollo de un plan retributivo y de apoyo económico para los directores con contratos de corta duración
Gestión de las relaciones y de la coordinación de las diversas estructuras privadas y consultorías (headhounters) implicadas en la actividad de búsqueda de personal

# HUMAN RESOURCES MANAGER

María Rodríguez Méndez
C/ Gran Vía, 4, 2.º
28001 Madrid (Spain)
Phone: 514 565 333
E-mail: rodrig@hotmail.com

HUMAN RESOURCES MANAGER

PROFESSIONAL PROFILE
A professional and experienced H_man resources manager with a proven track record in operational, people and financial management. An excellent communicator, coordinator and negotiator who adopts a committed and motivated approach to all tasks undertaken. Now seeks a senior management position to utilize existing skills and knowledge and to gain further experience of UK business and commercial operations and legislation.

CAREER SUMMARY
**1999-date** Head of Human resources, Kirschen Mobile Telecommunications, Kuwait
Leading an extremely busy team of over 15 Human resources specialists based in Kuwait City
Managing all aspects, including recruitment, training, discipline, compensation & benefits
Restructured recruitment processes
Developed and implemented project to structure job evaluation, compensation and benefits scheme
Reporting on a regular basis to the Group Human resources director and the Managing director
Liaising with other Divisional Directors, ensuring their needs were met and promptly addressed

**1998-1999** Human resources manager, Microsoft, U.S.A.
Providing efficient support to all company departments in respect of their HR requirements
Working within the UK, Eastern, Central & Southern Europe and South Africa regions
Reporting regularly and comprehensively to the Human resources director

**1997-1998** International Compensation & Benefits manager, Airtel, Madrid (Spain)
Short-term contract providing full compensation and benefits support across Europe
Liaising and co-ordinating with numerous agencies, executive search specialists, etc.

**De 1994 a 1997** Trabajadora autónoma en el sector de recursos humanos, Madrid
Gestión de las relaciones con los clientes
Apoyo a la realización de campañas de contratación y selección
Desarrollo de proyectos de formación
Entre los principales clientes: American Express y British Telecom

FORMACIÓN
1989 Licenciatura en Económicas de la Universidad Pontificia de Madrid (sobresaliente cum laude)
1984 Título de Selectividad. Instituto de Bachillerato Isabel la Católica de Madrid

OTRAS COMPETENCIAS
Windows, Macintosh, Word, Excel, Access, PowerPoint, Internet, correo electrónico
Idiomas: árabe fluido, alemán básico

DATOS PERSONALES
Nacida el 4 de mayo de 1965
Soltera

INTERESES
Tenis, squash, fotografía y teatro

Referencias bajo petición

**1994-1997** Freelance Human resources consultant, Madrid (Spain)
Working on a self-employed basis for various clients
Developing Human resources strategies for clients and assisting with executive searches
Providing professional advice on HR policies, procedures and recruitment campaigns
Specific projects included graduate training schemes
Clients included prestigious organizations such as American Express and British Telecom

EDUCATION
1989: Pontificial University – Madrid – Economic studies (*summa cum laude*)

1984: Secondary School Isabel la Católica – Madrid

FURTHER SKILLS
Windows, Macintosh, Word, Excel, Access, PowerPoint, Internet & Email
Languages: fluent Arabic, intermediate German

PERSONAL DETAILS
Date of birth: 4/5/65
Single

INTERESTS AND ACTIVITIES
Tennis, squash, theatre and photography

References are available on request

# DIRECTOR/A FINANCIERO/A (1)

Alberto Pareja Cuerda
C/ Italia, 34, 2.º
48002 Bilbao
Teléfonos: 548 258 258 (domicilio)
548 552 123 (oficina)
550 122 144 (móvil)
Nacido en Bilbao el 5 de mayo de 1958
Divorciado, 2 hijos

DIRECTOR FINANCIERO

FORMACIÓN
Título de Bachiller
Título de licenciado en Económicas de la Universidad de Deusto
Curso de perfeccionamiento en la Commerce School de Oxford, Gran Bretaña

IDIOMAS
Perfecto conocimiento del inglés gracias a una estancia de dos años en
Cambridge
Excelente nivel de francés

EXPERIENCIA PROFESIONAL
De 1990 a la actualidad: director financiero de la Sociedad I.P.G. Italia Spa
Salario neto anual: 35.000 euros
De 1985 a 1990: contable y posteriormente responsable administrativo de la
sociedad Luigi Andreini

COMPETENCIAS ADQUIRIDAS
• Gestión de la contabilidad
• Gestión de los balances consolidados
• Planificación financiera
• Control de la gestión
• Auditorías
• Balances y gestión financiera (incluidos todos los requisitos legislativos)
• Gestión de los recursos humanos (25 personas en la actualidad)

INTERESES PERSONALES
Violinista aficionado en una orquesta de música de cámara

# FINANCIAL DIRECTOR (1)

Alberto Pareja Cuerda
C/ Italia, 34, 2.º
48002 Bilbao
Spain
Telephone (home): 548 258 258
Telephone (office): 548 552 123
Mobile: 550 122 144
Born in Bilbao on 1958, May 5th
Divorced, two sons

FINANCIAL DIRECTOR

EDUCATION
Commerce School in Oxford – UK – Business course
University Degree in Economics, University of Deusto
Spanish secondary school diploma

LANGUAGES
English: fluent – two years in Cambridge as a student
Very good knowledge of French

WORK EXPERIENCE
1990-present: financial manager for I.P.G. Italy Spa
net salary: 35.000 euro

1985-1990: accountant first, then audit responsible for Luigi Andreini enterprise

SKILLS
• Accounting
• Elaboration of consolidated balance-sheet
• Estimated budgets
• Quarterly consolidation
• Accounting audits
• Management and financial control (including preparation of annual statements
  and tax returns)
• Supervised a team of 25 persons

HOBBIES
Play the violin in an amateur chamber music orchestra

## DIRECTOR/A FINANCIERO/A (2)

Luisa Antúnez Salamero
C/ de las Mimosas, 34, 1.º
31002 Pamplona
Teléfono: 548 455 412
Correo electrónico: l.antunez@yahoo.es
Teléfono móvil: 510 444 789
Casada, 1 hijo (3 años)

DIRECTORA FINANCIERA

FORMACIÓN
1983: diploma de FP de Contabilidad

1985: curso de especialización en Contabilidad Informatizada en Estudios Navarra

1995: diplomatura en Económicas (3 años)

1997: curso de inglés técnico de 40 horas de duración

EXPERIENCIA PROFESIONAL
De 1995 a la actualidad: responsable administrativa y financiera en un estudio de ingeniería mecánica (56 trabajadores, volumen de facturación de 5 millones de euros)
De 1985 a 1995: administrativa en una empresa especializada en el sector del transporte y los embalajes industriales

COMPETENCIAS ADQUIRIDAS
Contabilidad general e industrial
Balances consolidados (trimestrales y anuales)
Control de la gestión (gestión mensual de los flujos financieros)
Presupuesto y balances provisionales

OTROS DATOS
Idiomas: inglés fluido hablado y escrito, alemán leído, hablado y escrito
Informática: Excel, Word, Framework, principales herramientas informáticas de gestión administrativa

# FINANCIAL DIRECTOR (2)

Luisa Antúnez Salamero
C/ de las Mimosas, 34, 1.°
31002 Pamplona
Phone: 548 455 412
E-mail: l.antunez@yahoo.es
Mobile: 510 444 789
married, 1 son (3 years old)

FINANCIAL DIRECTOR


EDUCATION
1983: certificate of secondary studies in Management and Economics

1985: training Degree in Accountancy and Firms management at Estudios Navarra School

1995: university Degree in Accountancy and Finances (3 years)

1997: 40 hours training in English

WORK HISTORY
1995-today: administrative, accounting and financial executive for an engineering agency (56 employees, 5 million euro turnover)

1985-1995: accountant in a transport and industrial packaging company

SKILLS
Accountancy
Financial statements
Quarterly consolidation
Estimated budget
Accountancy audits

ADDITIONAL KNOWLEDGES
Languages: fluent English, German read, written and spoken
Data processing: Excel, Word, Framework and the main accounting softwares

# DIRECTOR/A GENERAL

Marcos Díaz Reglero
C/ Monte Alegre, 76, 1.º
08022 Barcelona
Tel.: 534 588 792
45 años

DIRECTOR GENERAL

EXPERIENCIA PROFESIONAL
1981-1986: director general de una empresa de comercialización de servicios de telefonía móvil (facturación: 450 millones de euros, 400 trabajadores):
• selección de personal
• gestión de las ventas y coordinación del personal asignado a ventas
• planificación y realización de una política de cooperación
• gestión y organización de los pedidos
• aumento de la facturación del 25% en 5 años
• identificación y cumplimiento de las necesidades de uno de nuestros mayores clientes: 40 contratos fuera del país

1986-1990: director general de una empresa dedicada a la comercialización de fotocopiadoras:
• reorganización de las diferentes filiales
• desarrollo de nuevos sistemas de suministro y transporte
• superación de los objetivos empresariales del 150%

De 1990 a la actualidad: director general de una empresa dedicada a la fabricación de mobiliario, decoración y accesorios para oficinas:
• participación en el desarrollo de nuevos sistemas de gestión del almacén con la ayuda del ordenador
• obtención del certificado ISO 9002
• reducción de costes de producción del 23%
• reorganización de la empresa
• reducción del 25% de los costes salariales y reorganización con costes retributivos más bajos

FORMACIÓN
1969: título de Bachiller

1973: diplomatura en Gestión y Administración de Empresas con especialidad en Finanzas y Contabilidad

AFICIONES
Reparación de automóviles antiguos

# GENERAL MANAGER

Marcos Díaz Reglero
C/ Monte Alegre, 76, 1.º
08022 Barcelona
Spain
Tel.: 534 588 792
45 years old

GENERAL MANAGER


WORK HISTORY
1981-1986: general manager o: a company commercializing mobile telephone services (turnover: 450 million euro. 400 employees)
• staff recruiting
• sales management and co-ordination of sales staff
• design and implement a business partnership policy
• manage and organise the order books
• increased turnover by 25% in 5 years
• increased exports by 34% in 5 years
• identified and satisfied the requirement of one of our main customers: 40 contracts abroad

1986-1990: general manager of a company commercialising photocopiers
• reorganised the various branches
• developed new supplying and transportation systems
• exceeded the objectives by 150%

1990-present: general manager of a company manufacturing office furniture, equipment and fittings:
• took part in the development of new computer aided stocks management systems
• obtained ISO 9002 certification
• reduced production costs by 23%
• reorganised the company
• cut the payrolls 25% and reorganised with a smaller payroll

EDUCATION
1969: Spanish secondary school diploma

1973: two years university Degree in Management and Administration, option Finance and Accounting

HOBBIES
Old cars restoration

## DISEÑADOR/A INDUSTRIAL Y PROGRAMADOR/A DE CAD

Juan Sala Marino
C/ de los Martirios, 34, 3.°
30045 Murcia
Tel.: 568 111 732
28 años

DISEÑADOR INDUSTRIAL Y PROGRAMADOR DE CAD

EXPERIENCIA PROFESIONAL
1992: asistencia técnica en una empresa de componentes eléctricos
(98 trabajadores, X millones de euros de facturación anual):
• responsable del almacenamiento de piezas de recambio
• responsable del mantenimiento del almacén
• dirección de un equipo de 7 empleados de almacén

1993: diseñador industrial en una fábrica de electrodomésticos

1995: programador de CAD, diseño de circuitos eléctricos

1996: diseñador industrial y programador de CAD

FORMACIÓN
Título de especialización en Mantenimiento técnico y Electrónica

FORMACIÓN ADICIONAL
Tratamiento de textos: Winword
Diseño CAD: Architrion, AutoCad, Microstation, Caltop

AFICIONES
Organizador de un cineclub
Profesor infantil voluntario de técnicas básicas de cine

# DRAFTSMAN AND CAD OPERATOR

Juan Sala Marino
C/ de los Martirios, 34, 3.°
30045 Murcia
Spain
Tel.: 568 111 732
28 years old

DRAFTSMAN AND CAD OPERATOR

JOB HISTORY
1992: technical assistance for a company manufacturing electrical components (98 employees, X million euro turnover):
• in charge of the whole spare parts stock
• responsible for the maintenance of the warehouse
• managed a team of 7 warehousemen

1993: draftsman for a company manufacturing domestic appliances

1995: computer-aided operator, draftsman, designed electrical circuits

1996: draftsman and computer aided operator

EDUCATION
Two years technical Degree in Technical maintenance and Electronics

ADDITIONAL SKILLS
Word processing: Winword
Computer aided design: Architrion, AutoCad, Microstation, Caltop

HOBBIES
Responsible for a film club
Do volunteer work to teach children the basic cinema techniques

## DISEÑADOR/A TÉCNICO/A INDUSTRIAL (1)

Guillermo Donoso Reinosa
C/ Cavour, 12, 5.º
46003 Valencia
Tel.: 563 258 166
25 años

DISEÑADOR TÉCNICO INDUSTRIAL

EXPERIENCIA PROFESIONAL
De 1998 a junio de 2000: sociedad X de Valencia, fábrica de depósitos de aluminio para camiones:
• diseñador en el departamento de investigación y desarrollo de AutoCad, versión 14

1995-1998: sociedad Y de Valencia, estudios y actuaciones de ámbito aeronáutico, diseñador del departamento de investigación y desarrollo:
• realización de planos (de instalación y distribución para aviación ligera): preproyecto, proyecto, prototipo y prueba de piezas mecánicas
• estudio sobre distribuidores de carburante para las compañías petrolíferas

1994-1995: trabajo temporal para Vedior Bis (empresa de trabajo temporal):
• técnico de sistemas ABS (empresa X de Valencia)

FORMACIÓN
1997-1998: prácticas como técnico CAD y AutoCad, versión 12

1996-1997: prácticas como diseñador gráfico publicitario y diseñador industrial

1996: título universitario de auxiliar técnico industrial

1994: título de formación profesional en Mecánica con especialización en Diseño industrial

OTROS DATOS
Informática:
• tratamiento de textos en Winword
• Autocad, Microstation, Caltop

AFICIONES
Reparación de automóviles antiguos

# DRAFTSMAN

Guillermo Donoso Reinosa
C/ Cavour, 12, 5.°
46003 Valencia
Spain
Tel.: 563 258 166
25 years old

DRAFTSMAN

WORK HISTORY
1998-June 2000: company X, Valencia (Spain), manufacture of aluminium tanks for lorries
• draftsman in the research and development department, worked with AutoCad Version 14

1995-1998: company Y, Valencia (Spain), aeronautics, design and applications draftsman in the research and development department:
• traced plans (installation and distribution plans for aviation): rough drafts, projects, prototypes and mass productions of mechanical parts
• study of hydrocarbons distribution devices for petrol companies

1994-1995: interim mission for Ved or Bis (Interim agency)
• technician in charge of ABS systems (Company Z, Valencia Spain)

EDUCATION
1997-1998: technician apprenticeship CAD AutoCad, version 12

1996-1997: advertising graphics and industrial design apprenticeship

1996: two years technical Degree (BTS) in Technical assistance engineering

1994: higher certificate in Mechanics (option: Mechanical drawing)

ADDITIONAL SKILLS
Data processing:
• Word processing: Winword
• Computer-aided drawing: AutoCad, Microstation, Caltop

HOBBIES
Old cars restoration

# DISEÑADOR/A TÉCNICO/A INDUSTRIAL (2)

Antonio Tarragona Calado
C/ de la Sirena, 35, 7.°
09006 Burgos
Tel.: 547 452 493
Tel. móvil: 515 784 279

Nacido en Burgos el 14 de marzo de 1965
Soltero

DISEÑADOR TÉCNICO INDUSTRIAL

EXPERIENCIA LABORAL
1987-1989: técnico en electrónica en una empresa de componentes electrónicos

1989-1990: diseñador técnico de instalaciones eléctricas para una empresa productora de cabinas de ascensores

1990-1998: diseñador técnico de circuitos con ayuda de tecnología CAD

De 1998 a la actualidad: consultoría técnica (Estudio técnico de topografía):
• registros catastrales
• proyectos y diseños técnicos
• elaboración de planes hidrológicos para administraciones municipales y comunidades rurales

FORMACIÓN
Título de FP de Electrónica
Curso de formación de 12 meses de duración de CAD y diseño técnico

FORMACIÓN ESPECIALIZADA
AutoCad, Office y todos los principales programas de aplicación

AFICIONES
Jugador de tenis profesional

# DRAFTSMAN

Antonio Tarragona Calado
C/ de la Sirena, 35, 7.°
09006 Burgos
Spain
Telephone: 547 452 493
Mobile: 515 784 279

Born in Burgos (Spain) on March 14th, 1965
Single
Free of military obligations

DRAFTSMAN

WORK HISTORY
1987-1989: technician in electronics for a company manufacturing electronic components

1989-1990: draftsman: electrical plans for a company manufacturing lift cages

1990-1998: draftsman: printed circuits on computer-aided design

1998-present: building surveyors consulting firm:
• on-site measures
• drawing of cadastral plans
• drawing of water drainage plans in surrounding cities and villages

EDUCATION
Secondary school diploma in Electronics
12 months training in computer-aided drawing and computer-aided design

ADDITIONAL SKILLS
AutoCad, Office and the most important software applications

HOBBIES
Ranked tennis player

# DISEÑADOR/A TÉCNICO/A

Begoña Calvo Riera
C/ Mayor, 23, 4.º
08011 Barcelona
Teléfono: 534 562 711
Móvil: 588 452 999

Nacida en Mataró (Barcelona) el 7 de abril de 1974
Casada, 1 hijo
Permiso de conducir B

DISEÑADORA TÉCNICA

FORMACIÓN
Título de Bachillerato
Título de diplomada (tres años) en Ingeniería Electrónica

EXPERIENCIA PROFESIONAL
Desde 1996: diseñadora en el departamento de investigación y desarrollo de una empresa del sector de la producción de carretillas elevadoras y dispositivos de elevación y transporte

Actividades desempeñadas:
• estudios de prevención
• realización de diseños técnicos
• diseño logístico

IDIOMAS
Excelente nivel de inglés (leído, hablado y escrito)

INTERESES PERSONALES
Profesora de danza moderna

# DRAFTSWOMAN

Begoña Calvo Riera
C/ Mayor, 23, 4.°
08011 Barcelona
Spain
Phone: 534 562 711
Mobile: 588 452 999

Born in Mataró (Barcelona, Spain), on April 7th 1974
Married, one son
Driving licence, type B

DRAFTSWOMAN

EDUCATION
Spanish secondary school diploma
University Degree in Electronics: first level (three years)

JOB HISTORY
Since 1996: draftsman in research and development department of a company
manufacturing fork truck lifts and hoisting devices:
• studies
• technical drawings
• logistics

LANGUAGES
English: read, written, spoken

EXTRACURRICULAR ACTIVITIES
Modern dance teacher

# PROFESOR/A

Valentín González Lerma
C/ Ancha, 45, 7.°
23045 Jaén
Tel.: 553 456 314

PROFESOR

PERFIL PROFESIONAL
Profesor de cursos de formación en marketing y técnicas de venta
Elaboración de nuevos cursos y programas de formación
Organización de nuevos cursos para adultos

Mis funciones consisten en:
• asegurar la asistencia de los alumnos
• redactar informes sobre los progresos de los alumnos
• redactar informes sobre los cursos y los programas de formación
• realizar la selección de candidatos

EXPERIENCIA PROFESIONAL
Profesor en diferentes empresas públicas y privadas
GRETA (organismo de formación profesional)
Instituto de formación para adultos de Jaén

FORMACIÓN
Licenciatura en Económicas

IDIOMAS
Inglés fluido
Buen nivel de alemán

INTERESES PERSONALES
Como responsable de una asociación local, he recaudado 20.000 euros para la investigación contra el SIDA

AFICIONES
Viajes a Estados Unidos

# TRAINER

Valentín González Lerma
C/ Ancha, 45, 7.º
23045 Jaén
Spain
Tel.: 553 456 314

TRAINER


QUALIFICATIONS
Responsible for teaching marketing and sales techniques classes to adults
Design new training programs and courses
Implement new courses for adults

My duties include:
• follow-up of the traineeships
• writing reports on every student's progress
• writing reports on training programs and courses
• selection of the applicants

JOB HISTORY
Teacher for several organisations
GRETA (organisation for vocational training)
Jaén (Spain) Institute for adults education

EDUCATION
Four years university Degree in Economics and marketing

LANGUAGES
Fluent English
Good knowledge of German

EXTRACURRICULAR ACTIVITIES
As a group leader in community campaign, collected over 20.000 euro for Aids Research

HOBBIES
Travel in the United States

# ECONOMISTA

Lorenzo del Valle Silván
C/ La Palma, 23, 2.°
35001 Las Palmas
Tel.: 528 255 760
26 años

ECONOMISTA

FORMACIÓN
1992: título de Bachillerato expedido en Las Palmas

1997: licenciatura en Económicas de la Universidad de Las Palmas; tema de la tesis: «La empresa y las nuevas tecnologías (Internet e Intranet)»

1999: título universitario en Marketing de las Nuevas Tecnologías; tema de la tesis: «La relación entre las nuevas tecnologías y el mundo del trabajo»

EXPERIENCIA PROFESIONAL
Asistente del profesor Lamberti, cátedra de Economía
Prácticas de final de ciclo en la Micro Prof: introducción de Internet en la escuela

FORMACIÓN COMPLEMENTARIA
Prácticas de estadística aplicada a la población en el INE (Instituto Nacional de Estadística)

OTRAS ACTIVIDADES
Buenos conocimientos de Winword 6, Excel 5

IDIOMAS
Buen nivel de inglés
Conocimientos básicos de alemán

AFICIONES
Espeleología
Certificado para inmersiones subacuáticas

# ECONOMIST

Lorenzo del Valle Silván
C/ La Palma, 23, 2.°
35001 Las Palmas
Spain
Tel.: 528 255 760
26 years old

ECONOMIST

EDUCATION
1992: secondary studies certificate

1997: four years university Degree in Economics, dissertation topic: «Business and new technologies (Internet, Intranet)»

1999: two years university Degree in Economics and New technologies marketing, dissertation topic «Interconnection of new technologies and the business world»

WORK HISTORY
Assistant to professor Lamberti, professor in Economics
Internship at Micro Prof: introduction of Internet at school

ADDITIONAL TRAINING
Traineeship in population statistics at INE (Spanish National Statistics Institute)

MISCELLANEOUS
Good knowledge of Winword 6 and Excel 5

LANGUAGES
Good knowledge of English
Slight knowledge of German

HOBBIES
Spelaeology
Skin diving certificate

# PERIODISTA

Carolina Puig Costa
C/ Urgell, 34, 2.°
08013 Barcelona
Teléfono 534 528 183

## PERFIL
Entusiasta española en posesión de un diploma de tres años en busca de una oportunidad para poder ejercer la práctica periodística. De carácter creativo, con gran capacidad para relacionarse con los demás y captar todos los detalles. Capaz de trabajar tanto sola como dentro de un equipo de trabajo

## FORMACIÓN
Licenciatura en Filología Inglesa de la Universidad Autónoma de Barcelona conseguida en el 2000. Entre las materias profundizadas: lenguajes y medios de comunicación, escritura creativa, las narraciones del siglo xix, mujeres y literatura

1997: título de Bachillerato, Instituto Ausiàs March de Barcelona

## EXPERIENCIA LABORAL
Verano 1999: prácticas de 6 semanas en un periódico local, actividades desarrolladas y responsabilidades:
• labores de asistencia al redactor para desarrollar una sección de noticias locales
• identificación de las fuentes, trabajo de documentación y contacto con las organizaciones locales para establecer modalidades de entrevista
• acompañar al redactor en las entrevistas y grabación de las mismas
• redacción de resúmenes

Verano 1998: encargada de la organización turística (3 semanas, a tiempo parcial). Actividades desarrolladas y responsabilidades:
• ayuda en la programación de excursiones (autobús y guías turísticas)
• apoyo en cocina para la entrega y distribución de alimentos

## COMPETENCIAS INFORMÁTICAS
Windows, Word, Claris Work, Quark XPress, PageMaker

## DATOS PERSONALES
Fecha de nacimiento: 15 de febrero de 1981
Permiso de conducir

## INTERESES PERSONALES
Durante mi carrera universitaria fui elegida representante de los estudiantes
Mis intereses se centran, además, en el squash, el ciclismo y el cine

# JOURNALIST

Carolina Puig Costa
C/ Urgell, 34, 2.°
08013 Barcelona (Spain)
Telephone: 534 528 183

PROFILE
An enthusiastic Spaniard undergraduate who is looking for an opportunity as a trainee journalist. Creative, with strong communication skills and attention for details. Able to work on own initiative or as part of a team

EDUCATION
1997-2000 B.A. in English at Universidad Autónoma of Barcelona
Subjects studied: Language and Media, Creative Writing, 19th Century Novels, Women in Literature

1997 Ausiàs March Institut of Barcelona – Secondary school diploma

WORK EXPERIENCE
Summer 1999 – Researcher by a local newspaper (University Placement – 6 weeks)
Responsibilities and achievements
• assisted the writer who was planning a section on the local environment identifying sources, doing desk research and contacting local organisations to arrange interviews
• accompanied writer on interviews, responsible for recording
• wrote up summary report

Summer 1998 – Porter (3 weeks part-time work)
Responsibilities and achievements
• assisted with organisation of summer day-trip programme (arranging coach hire and tour guide)
• assisted in kitchen with delivery and distribution of food

COMPUTER SKILLS
MS Windows, MS Word, Claris Works, Quark XPress, PageMaker

PERSONAL DETAILS
Date of birth: 15th February 1981
Driving licence: full

INTERESTS
At the University I was elected Students' representative
Interests include squash, cycling and cinema

# INGENIERO/A DE PRODUCCIÓN

Santiago Martín Lopera
C/ Aguas marinas, 98, 1.º
11045 Cádiz
Tel.: 556 237 561
45 años

INGENIERO DE PRODUCCIÓN

EXPERIENCIA PROFESIONAL
1997-1999: departamento de investigación de la empresa X (18 trabajadores):
• realización de proyectos para la maquinaria en uso en la empresa
• proyectos realizados con CAD, 2D y 3D (Imagination Engineer y Solidedge)

1993-1997: ingeniero de producción

1992-1993: responsable de las líneas de fabricación (fundición) de piezas diversas

1983-1992: responsable de proceso

1980-1983: jefe de la oficina de montaje. Organización y coordinación de los trabajos de la fábrica. Supervisión de la maquinaria e instalaciones

FORMACIÓN
Escuela nacional de artes y oficios
Licenciatura en Ingeniería industrial con especialización en Mecánica (ciencia de los materiales, informática, electrotécnica, automática, CAD e ingeniería civil)
Especialidad en la Escuela Superior de Fundición

OTROS DATOS
Informática: programa Unix
Idiomas: inglés fluido, francés leído

AFICIONES
Práctica de ala delta
Pasión por la astronomía. Miembro del Observatorio Astronómico de la Marina, San Fernando (Cádiz) y ponente ocasional de su club

# PRODUCTION ENGINEER

Santiago Martín Lopera
C/ Aguas marinas, 98, 1.°
11045 Cádiz
Spain
Tel.: 556 237 561
45 years old

PRODUCTION ENGINEER


WORK HISTORY
1997-1999: research department, company X (18 employees)
• drew up machine tools plans
• CAD plans, 2D and 3D (Imagination Engineer and Solidedge)

1993-1997: production engineer

1992-1993: responsible for manufacturing lines (smelting) of various parts

1983-1992: responsible for processes on manufacturing lines

1980-1983: head foreman in moulding and short blasting workshop.
Manufacturing of safety parts. Organised and co-ordinated the various tasks in
the workshop. Supervised appliances and equipment

EDUCATION
Escuela nacional de artes y oficios
Engineer diploma, options: Mechanics (Materials resistance, Data processing,
Electrical engineering, Automatic devices, Computer aided design, Civil
engineering)
Specialization in foundry techniques (High School of Foundry)

ADDITIONAL KNOWLEDGES
Data processing: Unix language
Languages: fluent English, smatterings of French

HOBBIES
Hang gliding
Fond of astronomy. Member of Cádiz Observatory club and occasional lecturer
in this club

# INGENIERO/A DE PROYECTOS

David Serrano Valero
C/ Serrano, 34, 2.°
28025 Madrid
Teléfono: 514 785 433
Móvil: 555 412 455

Nacido en Móstoles el 22 de octubre de 1962
Soltero
Permiso de conducir B

INGENIERO DE PROYECTOS

FORMACIÓN Y ESTUDIOS
Licenciatura de Ingeniería electrónica (sobresaliente cum laude) de la
Universidad Europea de Madrid
Posgrado de un año sobre comunicaciones con fibra óptica

EXPERIENCIA LABORAL
Desde 1989: Telefónica

1989-1990: realización de un proyecto sobre alta frecuencia:
• adiestramiento de técnicos
• dirección de un grupo de trabajo formado por 20 personas

1991-1993: responsable del proyecto «alta frecuencia»

De 1993 a la actualidad: responsable del área de investigación y desarrollo:
• especial atención al marketing empresarial
• análisis y estudios de mercado, y asistencia y formación de nuestros clientes

IDIOMAS
Inglés técnico fluido
Italiano hablado
Buen conocimiento del alemán y del ruso

CONOCIMIENTOS INFORMÁTICOS
Dominio de los lenguajes BASIC y C++
Conocimiento de los principales programas de aplicación y de gráficos

INTERESES PERSONALES
Presidente de una asociación de antiguos alumnos

AFICIONES
Tesorero de un club de natación

Referencias personales y profesionales bajo petición

# PROJECT ENGINEER

David Serrano Valero
C/ Serrano, 34, 2.°
28025 Madrid (Spain)
Phone: 514 785 433
Mobile: 555 412 455

Born in Móstoles (Madrid, Spain), on 1962, October 22nd
Single
No military obligations
Driving licence (type B)

PROJECT ENGINEER

EDUCATION
Degree in Electronics Engineering, European University of Madrid (Spain), final result *summa cum laude*
One year post-graduate Degree in optical fiber communications

WORK EXPERIENCE
Since 1989: Telefónica
1989-1990: research engineer in hyperfrequency:
• trained technicians to new equipment
• managed a team of 20 persons

1991-1993: engineer in charge of «high frequency» project

1993-1998: engineer in charge of projects and business:
• good knowledge of the markets and of the customers
• organised and implemented an intensive training program for our customers

LANGUAGES
Fluent technical English
Conversational Italian
Good knowledge of Russian and German

TECHNICAL SKILLS
Fluent practice of BASIC and C++ language,
Application softwares and graphic softwares

EXTRACURRICULAR ACTIVITIES
President of an old boys association

HOBBIES
Treasurer of a swimming club

Professional and personal references on request

# INGENIERO/A ELECTRÓNICO/A

Juan Lavalle Calahorra
C/ Sevilla, 23, 2.º
46025 Valencia
561 258 761
35 años

INGENIERO ELECTRÓNICO

EXPERIENCIA PROFESIONAL
1990-1993: ingeniero de mantenimiento en Olivetti
• he supervisado la realización de estudios para definir y dirigir las labores de mantenimiento

1993-1998: actividades de investigación y desarrollo en Olivetti
• he colaborado con dos ingenieros y he coordinado a cinco técnicos electrónicos con estrechas relaciones con los veinte centros de mantenimiento (servicio posventa)

1998-2000: director del servicio de mantenimiento
• coordinación de los estudios y del servicio de mantenimiento para los equipos de la oficina
• en seis meses he logrado incrementar el número de nuestros clientes en un 5,5%

FORMACIÓN
1985: titulación técnica de dos años en Electrónica y Gestión de Redes

1986: aprendizaje del sistema de mantenimiento utilizado por Olivetti

1990: licenciatura en Ingeniería electrónica

IDIOMAS
Inglés: leído, escrito y hablado (numerosas estancias en Canadá)
Alemán: nociones

ACTIVIDADES COMPLEMENTARIAS
Clases de electrónica a futuros formadores

AFICIONES
Miembro de la asociación Encuentros Fotográficos, creada en Valencia en 1995

# ELECTRONICS ENGINEER

Juan Lavalle Calahorra
C/ Sevilla, 23, 2.°
46025 Valencia
Spain
561 258 761
35 years old

ELECTRONICS ENGINEER


WORK HISTORY
1990-1993: maintenance engineer, Olivetti, Italy:
* supervised the implementation of studies to define and manage the maintenance procedures

1993-1998: research engineer, Olivetti:
* worked with two engineers and managed five electronics technicians in collaboration with our twenty points of maintenance (after sale services)

1998-2000: manager of the maintenance department:
* managed the studies and implementation of maintenance procedures for the office equipment
* in six months, increased our customers network by 5,5%


EDUCATION
1985: two years technical Degree n Electronics and network management

1986: system maintenance apprenticeship, Olivetti, Italy

1990: Electronics engineer diploma


FOREIGN LANGUAGES
English: read, written, spoken (many stays in Canada)
German: slight knowledge


ADDITIONAL EXPERIENCE
Electronics teacher for future trainers


HOBBIES
Member of the association «Incontri fotografici» created in Valencia (Spain) in 1995

# INGENIERO/A INFORMÁTICO/A

Lorena Dávila Costa
C/ Julio César, 38, 4.°
50023 Zaragoza
Tel.: 576 441 279
36 años

INGENIERA INFORMÁTICA

EXPERIENCIA PROFESIONAL
1995-1999: diseño y gestión de la red informática en la empresa X de Zaragoza:
• gestión de la red
• gestión de 20 ordenadores: Unix y Wintel
• diseño del sistema de red

1990-1995: Instituto para la Investigación Informática:
• diseño de un sistema de control de gestión

1985-1990: ingeniera informática:
• gestión de una red de 10 ordenadores
• diseño de un sistema operativo en tiempo real

FORMACIÓN
Título universitario en Informática
Posgrado de un año en Gestión

IDIOMAS
Inglés escrito y hablado
Nociones de alemán

AFICIONES
Actriz en una compañía teatral aficionada

# SOFTWARE ENGINEER

Lorena Dávila Costa
C/ Julio César, 38, 4.°
50023 Zaragoza
Spain
Tel.: 576 441 279
36 years old

SOFTWARE ENGINEER


JOB HISTORY
1995-1999: engineer, manager of the data processing network in Company X, Zaragoza (Spain):
• management of a network
• management of 20 computers: Unix and Wintel
• system design

1990-1995: Institute for computer research
• designed a management control system

1985-1990: software engineer
• network administrator (10 pc station)
• development of a real time operating system

EDUCATION
University Degree in Data processing
One year post-graduate Degree in Management

LANGUAGES
English written and spoken
Elementary knowledge of German

HOBBIES
Actress in an amateur theatre company

## PROFESOR/A DE ESPAÑOL PARA EXTRANJEROS

María Durazno Calado
C/ Brasil, 45, 5.º
07026 Mallorca
Tel.: 571 255 846
42 años

PROFESORA DE ESPAÑOL PARA EXTRANJEROS

FORMACIÓN
Licenciatura en Filosofía y Letras

EXPERIENCIA PROFESIONAL
Profesora en la Universidad de las Islas Baleares de Mallorca
Profesora de español para trabajadores extranjeros en una empresa

COMPETENCIAS ADICIONALES
Buenos conocimientos de PhotoShop

AFICIONES
Curso de alfabetización en una asociación de voluntariado del barrio

IDIOMAS
Inglés: fluido
Árabe: buen nivel

# SPANISH TEACHER FOR FOREIGNERS

María Durazno Calado
C/ Brasil, 45, 5.°
07026 Mallorca
Spain
Tel.: 571 255 846
42 years old

SPANISH TEACHER FOR FOREIGNERS

EDUCATION
Four years university Degree in Arts (Bachelor of Arts)
Post-graduate Degree in Teaching of Spanish to foreigners

WORK HISTORY
University teacher in University of Mallorca
Spanish teacher for foreign workers in a company

EXTRACURRICULAR SKILLS
Good knowledge of PhotoShop

HOBBIES
Reading and writing teacher in a d strict association

LANGUAGES
Fluent English
Good knowledge of Arabic

# OPERARIO/A

Alicia Cogullada Casal
C/ Marina, 56, 1.°
17045 Girona
Tel.: 572 456 321
35 años, casada, 3 hijos

OPERARIA

## EXPERIENCIA PROFESIONAL
1992-1999: operaria en una empresa de pequeños electrodomésticos:
• uso de máquinas semiautomáticas
• buen conocimiento de perforadoras eléctricas y automáticas

1988-1992: embaladora en una empresa agroalimentaria:
• embalaje, empaquetamiento y control según las normas ISO 9001

1984-1988: operaria, conductora de máquinas automáticas

## FORMACIÓN
1983: curso de formación profesional de dos años para la fabricación de productos industriales:
• preparación y elaboración del producto
• diseño industrial
• control de producción y conformidad con las normas

## VARIOS
Organizadora de juegos para ancianos en una asociación de voluntarios del barrio

# PRODUCTION OPERATOR

Alicia Cogullada Casal
C/ Marina, 56, 1.°
17045 Girona
Spain
Tel.: 572 456 321
35 years old, married, three children

PRODUCTION OPERATOR

WORK EXPERIENCE
1992-1999: production operator fo⁻ a company manufacturing small domestic appliances
• wiring on semi-automatic machines
• good knowledge of electric and automatic drilling machines

1988-1992: packaging agent in a company manufacturing dairy produces
• packaging and control of conformity to ISO 9001 standard

1984-1988: production operator, automatic machines driver

EDUCATION
1983: two years professional Degree for production operator
• preparation and manufacturing of products
• drawing
• conformity control

HOBBIES
Organise games for elderly persons in a local association

# OPERADOR/A DE ENVASADO

Cecilia Plaza Solís
C/ de los Pirineos, 6
39025 Santander
Tel.: 542 547 611
34 años, casada, 2 hijos

OPERADORA DE ENVASADO
15 años de experiencia
Objetivos profesionales: llegar a ser responsable del departamento

EXPERIENCIA PROFESIONAL
1990-1999: responsable del departamento de envasado de la empresa X de Santander:
• supervisón de un equipo de 15 personas
• cuidado de las relaciones entre la dirección y los trabajadores

1984-1990: operaria en el departamento de montaje:
• trabajo con máquinas automáticas y semiautomáticas
• capacitada para trabajar en todos los puestos de trabajo

FORMACIÓN
1984: titulación profesional de dos años para la Industria de la Confección

IDIOMAS
Nociones de inglés y francés

VARIOS
Aficionada al paracaidismo

# PACKAGING OPERATOR

Cecilia Plaza Solís
C/ de los Pirineos, 6
39025 Santander
Spain
Tel.: 542 547 611
34 years old, married, two children

PACKAGING OPERATOR
15 years experience
Objective: forewoman

WORK EXPERIENCE
1990-1999: forewoman in a ready-to-wear factory in Santander (Spain)
• Managed a team of 15 persons
• Liaised between the managing director and the employees

1984-1990: mechanic in the assembly shop:
• mechanic on the assembly line and semi-automatic machines
• suited to any position

EDUCATION
1984: two years professional Degree

LANGUAGES
Smattering of English and French

HOBBIES
Keen on parachuting

## DISEÑADOR/A ELECTRÓNICO/A

Julia Denia Carrasco
C/ Manuel de Falla, 4, 7.º
33025 Oviedo
Teléfono: 584 522 761
Móvil: 550 244 199

Nacida en Gijón el 30 de abril de 1968
Soltera
Permisos de conducir A y B

FORMACIÓN Y ESTUDIOS
Título de Bachillerato expedido en 1987 en el Instituto Monte Naranco
Diplomatura en Diseño Electrónico expedida por la Universidad de Oviedo

IDIOMAS
Excelente nivel de inglés
Buenos conocimientos de francés

EXPERIENCIA PROFESIONAL
De 1991 a la actualidad: Circuitos, S. A. (Oviedo)
Encargada del diseño de instalaciones de microelectrónica:
• control de calidad
• diseño con soporte informático CAE
• test y comprobaciones
Dominio de los más importantes soportes informáticos para diseño técnico
(CAD – CAE)

INTERESES Y AFICIONES
Aficionada a la vela y la navegación marítima (título de patrón de embarcación,
instructora de vela)

# ELECTRONICS DESIGNER

Julia Denia Carrasco
C/ Manuel de Falla, 4, 7.°
33025 Oviedo
Spain
Phone: 584 522 761
Mobile: 550 244 199

Born in Gijón (Spain) on 1968, April 30th
single
driving licence (type A and B)

EDUCATION
Spanish secondary school diploma

Three years university Degree: Electronics technician

LANGUAGES
Fluent English
Good French

JOB HISTORY
Since 1991: Circuitos, S.A. – Oviedo (Spain)
microelectronics designer:
• quality control
• computer-aided design
• testing
Good knowledge of the main technical softwares (CAD – CAE)

HOBBIES
Navigation and sailing (sailing licence, sailing instructor)

# COMERCIAL

Lorenzo Silva Reina
C/ Esparta, 56, 2.º
27015 Lugo
Tel.: 582 542 677

COMERCIAL


EXPERIENCIA PROFESIONAL
De 1995 a la actualidad: comercial de una empresa de producción y comercialización de pequeños electrodomésticos
• aumento del número de clientes del 30%
• aumento de las ventas en un 40%
• inspecciones y gestión de las campañas publicitarias
• me he ganado un gran reconocimiento en mi empresa por haber aumentado las ventas y encontrado nuevos canales de venta de los productos

1990-1995: responsable del departamento de electrodomésticos en un gran almacén
• gestión de un equipo de 10 vendedores
• aumento de las ventas anuales del 15%

FORMACIÓN
Título de formación profesional con especialización en Marketing y Técnicas de Venta

AFICIONES
Tenis
Monitor en colonias de verano para niños

# TRAVELLING SALESMAN

Lorenzo Silva Reina
C/ Esparta, 56, 2.°
27015 Lugo
Spain
Tel.: 582 542 677

TRAVELLING SALESMAN


WORK EXPERIENCE
1995-present: travelling salesman for a company selling and manufacturing small domestic appliances:
• expanded customer base by 30%
• increased sales by 40%
• field visits and managed advertising campaigns
• won Top Award at the Company for increasing sales and finding new outcomes for the products

1990-1995: manager of domestic appliances department in a department store:
• responsible for a team of 10 salesmen
• increased sales by 15%


EDUCATION
Spanish secondary school diploma (option: Marketing and sales techniques)


HOBBIES
Tennis player
Instructor at children's summer camps

# RESPONSABLE DE PERSONAL

Carlos Palo Latorre
C/ Nuestra Señora de la Guardia, 89, 3.º
34056 Palencia
Tel.: 579 256 421
55 años

RESPONSABLE DE PERSONAL

EXPERIENCIA PROFESIONAL
1995-1997: vicedirector, seguidamente director de personal:
• gestión de las previsiones de personal
• contrataciones
• planes de carrera
• elaboración de un sistema retributivo que ha permitido disminuir los conflictos en el interior de la empresa

1985-1995: responsable de la formación administrativa en diversos centros de formación

1975-1984: periodista de crónicas

1970-1973: ayudante del responsable de personal

FORMACIÓN
Licenciatura en Filosofía y Letras de la Universidad Complutense de Madrid
Curso de administración y gestión de personal, ergonomía y neurología
Responsable de formación del Consorcio CESI

INFORMACIÓN ADICIONAL
Uso de programas informáticos

AFICIONES
Responsable de una asociación de padres de alumnos

# STAFF MANAGER

Carlos Palo Latorre
C/ Nuestra Señora de la Guardia, 89, 3.°
34056 Palencia
Spain
Tel.: 579 256 421
55 years old

STAFF MANAGER


WORK HISTORY
1995-1997: staff manager assistant, then staff manager
• estimated staff management
• recruiting
• career plans
• created a salary scale which enabled to reduce social conflicts in the company

1985-1995: responsible for the training in management in various training organisations

1975-1984: journalist-columnist

1970-1973: staff manager assistant

EDUCATION
Four years university Degree n H_man sciences, Madrid (Spain)
Staff management, ergonomics, neurology
In charge of the training at CESI

ADDITIONAL SKILLS
Good knowledge of data processing tools

HOBBIES
In charge of a parent associat on

# DIRECTOR/A DE CALIDAD

Ángel Cobos Grande
C/ Reina Mercedes, 32
08080 Barcelona
Tel.: 534 562 187
30 años

OBJETIVO PROFESIONAL
Director de calidad

COMPETENCIAS
Dominio de las normativas de seguridad
Conocimiento de las normas para la certificación de calidad (ISO 9002)
Buen conocimiento de los programas informáticos de calidad
Redacción de manuales de calidad
Puesta a punto de nuevos procedimientos
Creación de indicadores para la evaluación de la calidad
Análisis de resultados y determinación de medidas para la corrección de errores

**Informática**
Dominio de los programas: Word, Excel, Access, Visio

**Idiomas**
Bilingüe castellano-inglés (madre inglesa)
Buen conocimiento del alemán hablado

FORMACIÓN
1990: título de Técnico de Calidad con especialización en Gestión de Calidad expedido por el Centro Español de Calidad Total (Madrid)

1989: primer ciclo de Técnica de Medición con especialidad en Técnicas instrumentales

1987: título de formación profesional en Electrotécnica

EXPERIENCIA PROFESIONAL
1996-1999: empresa X (fabricación y cromado de segmentos de pistones), responsable del servicio de calidad de los proveedores:
• creación de un sistema para evaluar la calidad de los nuevos productos
• elaboración de un sistema de codificación y evaluación de la calidad de los servicios ofrecidos a los proveedores
• formación de un equipo de 10 personas para los controles
• comprobaciones externas: control de sistemas creados junto a los proveedores

# QUALITY MANAGER

Ángel Cobos Grande
C/ Reina Mercedes, 32
08080 Barcelona
Spain
Tel.: 534 562 187
30 years old

OBJECTIVE
Quality manager

SKILLS
Quality insurance
Good knowledge of quality insurance standards (ISO 9002)
Good knowledge of quality tools
Write quality documents (manuals)
Implement new procedures
Implement quality assessment indicators
Analyse results and define corrective actions

**Data processing**
Excellent knowledge of Word, Excel Access, Visio

**Languages**
Bilingual English/Spanish (British mother)
Good knowledge of spoken German

EDUCATION
1990: Quality technician certificate, option: «Quality management», at
Spanish Institute for Total Quality, Madrid

1989: two years university Degree in Physical measures (option: Instruments
techniques)

1987: secondary studies certificate (option: Electrotechnics)

WORK HISTORY
1996-1999: company X (manufacturing and chromium plating of pump pistons),
manager of the Suppliers Quality Insurance Department:
• developed a quality assessment system for new products
• developed quotation and assessment procedures for the suppliers
performances
• managed a team of 10 persons who carried out the various controls
• external audits: audits of the suppliers' systems

1993-1996: auxiliar del responsable de calidad:
• elaboración del manual de calidad
• modificación de los procedimientos de control de calidad

1990-1993: técnico en el sector de control de calidad de los productos acabados:
• creación y actualización del sistema de control
• elaboración de las instrucciones para una cadena de montaje
• control de los productos según las indicaciones suministradas por los clientes

AFICIONES
Monitor de esquí para niños

1993-1996: assistant to the plant Cuality manager:
• created a quality manual
• modified quality control procedures

1990-1993: technician in the finished products quality department:
• created and updated control procedures
• implemented checking forms for ε new assembly line
• controlled products conformity according to the customers' specifications

HOBBIES
Skiing instructor for children

## DIRECTOR/A DE MARKETING Y COMUNICACIONES

Lucía Vivas Corona
C/ Antonio Vivaldi, 45, 2.º
16045 Cuenca
Tel.: 569 821 761
Móvil: 588 254 198
35 años

DIRECTORA DE MARKETING Y COMUNICACIONES

EXPERIENCIA PROFESIONAL
1990-1995: responsable de marketing en una empresa dedicada a la producción de alimentos (100 trabajadores, facturación de X millones de euros anuales):
• responsable de las comunicaciones comerciales y la publicidad
• diseño y realización de sondeos para determinar en qué medida respondemos a las expectativas de los clientes y nuestros productos satisfacen la demanda
• gestión del presupuesto de comunicación
• gestión de la relación con los clientes
• responsable del lanzamiento de nuevos productos
• aumento de la facturación en el sector de exportación del 90%

1995-1999: empleada comercial en la empresa X dedicada a la producción y comercialización de mobiliario (facturación de X millones de euros anuales, 150 trabajadores). Control y gestión de las inversiones en el sector de marketing:
• aumento de la facturación de la empresa del 20%
• diseño y realización del catálogo de productos
• diseño de la página web de la empresa

FORMACIÓN
Escuela Superior de Comercio de Madrid

VARIOS
Buen conocimiento de las nuevas tecnologías (Internet)
Informática: Word, Excel, Lotus, PowerPoint, CorelDraw, Photostyler

IDIOMAS
Inglés y francés fluidos

AFICIONES
Instructora cualificada de canoa, kayak y rafting

# MARKETING AND COMMUNICATION MANAGER

Lucía Vivas Corona
C/ Antonio Vivaldi, 45, 2.º
16045 Cuenca
Spain
Tel.: 569 821 761
Mobile: 588 254 198
35 years old

MARKETING AND COMMUNICATION MANAGER


WORK HISTORY
1990-1995: responsible for exports in a company manufacturing food products
(100 employees, turnover: X million euro):
• responsible for business communication and advertising
• designed and realised surveys in order to assess to what extent we can meet
  our customers' requirements and to what extent the products do meet the
  demand
• managed communication budget
• management and follow-up of customers files
• responsible for launching new products
• increased the exports turnover by 90%

1995-1999: commercial assistant for a company manufacturing and selling
furniture (turnover: X million euro, 150 employees): control and follow-up of
marketing costs:
• increased the company turnover by 20%
• designed and realised the products catalogue
• created the company's Internet site


EDUCATION
Madrid Business High School

MISCELLANEOUS
Good knowledge of new technologies (Internet)
Softwares: Word, Excel, Lotus, PowerPoint, CorelDraw, Photostyler

LANGUAGES
Fluent English and French

HOBBIES
Canoe, kayak and rafting qualified instructor

# RESPONSABLE TÉCNICO/A

Pablo Falcó Landa
C/ Severo Ochoa, 3, 1.º
08016 Barcelona

Nacido en Valls el 9 de mayo de 1960
Soltero
Teléfono: 534 857 656
Correo electrónico: falco@hotmail.com
Móvil: 575 124 586

RESPONSABLE TÉCNICO

FORMACIÓN
Título de formación profesional de técnico electrónico
Curso de especialización en Electrotécnica de un año de duración

EXPERIENCIA PROFESIONAL
De 1990 a la actualidad: responsable del servicio técnico en una empresa
productora de motores eléctricos
Funciones:
• responsable del servicio posventa
• gestión y control del almacén
• gestión de pedidos
• gestión de la base de datos de clientes y proveedores
• responsable de un equipo de trabajo compuesto por 15 personas

1980-1990: electricista (autónomo):
• reparación de electrodomésticos

INTERESES PERSONALES
Fotografía (incluidos revelado e impresión)

Referencias personales por petición

# OPERATIONS MANAGER

Pablo Falcó Landa
C/ Severo Ochoa, 3, 1.°
08016 Barcelona
Spain

Born in Valls (Spain) on 1960, May 9th
single
no military obligations
Phone: 534 857 656
E-mail: falco@hotmail.com
Mobile: 575 124 586

OPERATIONS MANAGER

EDUCATION
Professional Spanish secondary school diploma in Electricity
Professional training in Electrotechnics (one year)

WORK SKILLS
1990-present: responsible for the technical department in a company
manufacturing electrical motors
skills:
• responsible for the after-sales department
• manage and controls stocks
• order missing spare parts
• develop a customers/suppliers file
• manage a 15 persons team

1980-1990: independent electrician:
• repaired small electrical appliances

HOBBIES
Photography (including developing and printing)

Personal references available on request

# RESPONSABLE DE VENTAS

Luisa Nadal Castillejo
Nacida el 24 de abril de 1978
Residente en Bilbao
C/ Hondarribia, 5, 2.º
48002 Bilbao
Tel.: 547 522 913
Móvil: 552 789 723
Correo electrónico: nadal@yahoo.es

RESPONSABLE DE TIENDA

FORMACIÓN Y ESTUDIOS
1996-2000: Universidad de Deusto, facultad de Económicas, especialidad de Dirección de empresas
Asignaturas complementarias: Psicología, Economía, Alemán
Exámenes con matrícula de honor: Gestión de recursos humanos, Marketing, Estrategia, Finanzas, Logística
Título de la tesis: «Estrategia de marketing europeo: el caso Polo de la Volkswagen»
De enero a abril de 2000: participación en el proyecto Erasmus de intercambio universitario. Estancia en la Braunschweig Technische Universität, Alemania
Además de los estudios universitarios he realizado un proyecto de investigación sobre la eficacia de las estrategias de marketing aplicadas en las empresas alemanas, con especial atención al mercado único europeo
1992-1996 Instituto de Bachillerato Nuestra Sra. de Begoña, Bilbao

EXPERIENCIA PROFESIONAL
De junio de 1998 a la actualidad: responsable de ventas en la tienda de juguetes La bruja, de Bilbao
Ayudante a tiempo parcial de ventas. Ascenso a responsable de ventas desde junio de 1999
Inicialmente asignada al servicio al cliente, ventas directas y gestión de almacén
Posteriormente asignada a la gestión de proveedores y de recursos internos
Responsable de la gestión de clientes (mejora de una base de datos específica para la gestión de la clientela adulta con especial atención al sector del modelismo)
De marzo de 1997 a junio de 1998: bar Tres Coronas (Bilbao), camarera de barra. Esta experiencia me ha permitido aprender a trabajar bajo presión, con objetivos de venta elevados

# RETAIL MANAGER

Luisa Nadal Castillejo
Born on 1978, April 24 th
Living in Bilbao
Spain
C/ Hondarribia, 5, 2.°
48002 Bilbao
Phone: 547 522 913
Mobile: 552 789 723
e-mail: nadal@yahoo.es

RETAIL MANAGER

EDUCATION AND QUALIFICATIONS
1996-2000: University of Deusto – Management studies faculty
Subsidiary subjects: Psycho ogy, Economics, German
Honours courses included: Human resources management, Marketing,
Managing strategy, Finance, Operations and logistics
Dissertation: European marketing strategy of Volkswagen for New Polo

January to April 2000: Erasmus project: Braunschweig Technische
Universität, Germany
In addition to academic study, completed a research project into
effectiveness of German companies' European marketing strategies in
exploiting the EU single market

1992-1996: Nuestra Sra. de Begoña Secondary School of Bilbao

WORK EXPERIENCE
June 98 to present: Retail manager at La Bruja toys shop
Part-time sales assistant, promoted to manager in June 1999
Initially responsible for customer service, cash sales and monitoring of
stock. As manager negotiated with suppliers, and train one other staff
member
Developed a database of adult customers. Now able to target these with
new developments in model toys

March 97 to June 98: Tres Coronas Bar, Bilbao: barwoman
Learned to work quickly and accurately under pressure
Consistently met sales targets

June 94 to September 96: Sales assistant: La Rueda bicycle shop in Bilbao
Advised tourists on all aspects of bicycle use and safety. Had to be able to
persuade some sceptical customers to take appropriate safety measures

De junio de 1994 a septiembre de 1996: ayudante de ventas en la tienda de bicicletas La Rueda, de Bilbao
Esta actividad de venta directa conllevaba además actividades de adiestramiento sobre el uso y normas de seguridad básicas

INFORMACIÓN ADICIONAL
Buenos conocimientos del paquete de Microsoft Office (Word, Excel, PowerPoint, Access)
Nivel excelente de alemán

AFICIONES
Excursionismo, bicicleta de montaña, lectura, cocina

ADDITIONAL SKILLS
Fully competent in use of Microsoft Office software suite (Word, Excel,
PowerPoint, Access)
Fluent in conversational German

HOBBIES
Hill walking and mountain biking, cooking, reading

# PROFESOR/A ADJUNTO/A

Alfredo Ruiz Cánovas
C/ Gregorio Marañón, 8, 5.º
28080 Madrid
Teléfono: 514 733 198

PROFESOR ADJUNTO

FORMACIÓN Y ESTUDIOS
Universidad Pontificia de Madrid: licenciatura en Económicas

Escuela de Dirección de Empresas de Deusto: master en Business Administration finalizado en mayo de 1999, especialidad en Information system management y Gestión financiera

Universidad de Londres, semestre de invierno de 1998: programa Erasmus de intercambio de estudiantes universitarios

EXPERIENCIA PROFESIONAL
Universidad Pontificia, Madrid
2000-2001: profesor adjunto en el departamento de métodos cuantitativos:
• análisis de datos con sistemas informatizados de gestión estadística y uso de modelos
• corrección de exámenes y preparación de los mismos

1998-1999: tutor del departamento de análisis estadísticos:
• preparación de material propedéutico
• tutor de estudiantes

1998: Hospital Clínico, Madrid:
• auxiliar contable durante el verano

DATOS PERSONALES
Inglés fluido
Buen conocimiento de alemán y francés
Aficionado al esquí alpino, hockey sobre hierba, tenis, teatro y viajes
Conocimientos informáticos: SPSS-X, hojas de cálculo, bases de datos, gráficos y lenguajes de programación

# TEACHER ASSISTANT

Alfredo Ruiz Cánovas
C/ Gregorio Marañón, 8, 5.°
28080 Madrid
Spain
Phone: 514 733 198

TEACHER ASSISTANT

EDUCATION
Pontificial University – Madrid – Graduate school of Business Administration

Deusto School of Management: Master of Science in Business administration

May 1999: specialization in Information system management and Financial management

The University of London Exchange student by Erasmus programm – Winter term 1998

EXPERIENCE
Pontificial University – Madrid
2000-2001 Teacher Assistant in Quantitative methods
• analyzed empirical data using statistical software and formal decision models
• graded cases and exams

1998-1999 Pontificial University
Student Assistant in Statistical analysis
• developed case-material
• consultant for students analyzing data

1998 Hospital Clínico – Madrid
Summer intern
• assisted the accounting team

PERSONAL INFORMATIONS
Speak English fluently
Fair knowledge of German and French
Enjoy alpine skiing, field hockey, tennis, theatre and travel
Computer skills include SPSS-X, electronic spreadsheets, databases, graphics and computer software languages

## SECRETARIA/O COMERCIAL Y ADMINISTRATIVA/O

Luisa Utrillo González
C/ San Juan Bautista, 67, 5.°
47056 Valladolid
Tel.: 583 215 466
26 años

SECRETARIA COMERCIAL Y ADMINISTRATIVA

EXPERIENCIA PROFESIONAL
**Secretaria comercial**
Estadísticas, gestión de proveedores, gestión de un parque móvil de 56 vehículos, control de la facturación, apoyo a los vendedores
**Secretaria administrativa y contable**
Responsable del servicio administrativo:
• organización y gestión
• participación en la elaboración del presupuesto
• tratamiento de los datos relativos al personal
• organización y seguimiento de las reuniones mensuales
• mecanografía
**Secretaria financiera**
Gestión del personal
Ayuda en la elaboración del presupuesto
Creación de un sistema informatizado para controlar los gastos de gestión y definir los balances provisionales
Ofimática
Tratamiento de textos en Word y Works, hojas de cálculo (Excel), programas de contabilidad (Spiga)
Taquigrafía en inglés y francés

EXPERIENCIA LABORAL
1997: secretaria recepcionista en la imprenta X
1995-1996: ayudante del director adjunto
1995: secretaria del director sanitario del Hospital San Cándido
1994: secretaria administrativa

FORMACIÓN
Título de formación profesional en Técnicas de Administración
Curso de dos años de duración de formación profesional en Ofimática y Secretariado (especialidad: Secretariado comercial bilingüe) en 1994
Curso de especialización de Secretariado en 1997

VARIOS
Nivel bueno de inglés

# COMMERCIAL AND ADMINISTRATIVE SECRETARY

Luisa Utrillo González
C/ San Juan Bautista, 67, 5.°
47056 Valladolid
Spain
Tel.: 583 215 466
26 years old

COMMERCIAL AND ADMINISTRATIVE SECRETARY

PROFESSIONAL SKILLS
**Commercial secretariat**
Statistics, management of office stationery, management of the 56 vehicles fleet, invoicing control, follow-up of sales representatives
**Administrative secretariat and bookkeeping**
In charge of the administrative department:
• organisation and management
• processed staff data
• processing of information related to personnel
• organised and followed up monthly meetings
• typing
**Financial secretariat**
Staff management
Budget follow-up
Created a data processing system to follow-up expenses and to draw up estimated budgets
**Office automation**
Word processing (Word and Works), spreadsheets (Excel), bookkeeping softwares (Spiga)
English and French shorthand

WORK HISTORY
1997: secretary, switchboard operator, printing house X
1995-1996: assistant to the deputy manager
1995: assistant to the department head medical assistant, San Cándido Hospital
1994: administrative assistant

EDUCATION
Bachelor: secondary studies certificate (Administration techniques)
Two years technical Degree in Office automation and Secretariat (option: Bilingual commercial secretariat) in 1994
Additional training for secretaries in 1997

MISCELLANEOUS
Good knowledge of English

## SECRETARIA/O CONTABLE (1)

Emilia Coslada Gracia
C/ Miguel Hernández, 3, 6.º
45021 Toledo
Tel.: 525 789 644
38 años

SECRETARIA CONTABLE

EXPERIENCIA PROFESIONAL
**Contabilidad**
Registro informatizado de todos los datos contables
Mantenimiento de los registros oficiales
Elaboración de nóminas y de registros de personal
Realización de las declaraciones de IVA
Control y asistencia de la contabilidad de clientes y proveedores
Realización del balance de clientes, proveedores y de la contabilidad general
Comprobantes de existencias

**Secretariado**
Atención de las llamadas telefónicas
Redacción de extractos mensuales, órdenes de pago a clientes

**Facturación**
Preparación y registro de las facturas
Redacción de los extractos mensuales

EXPERIENCIA LABORAL
De 1995 a la actualidad: secretaria contable en una empresa de distribución de material de oficina (45 trabajadores, X euros de facturación)

De 1990 a 1995: secretaria contable en una empresa de ingeniería de plantas de procesamiento (150 trabajadores, X euros de facturación)

De 1985 a 1990: empleada en el estudio de un notario

FORMACIÓN
Título de ofimática y administración conseguido en 1997
Curso de informática de los programas Word 6, Winword y Excel

IDIOMAS
Inglés fluido
Nivel básico de portugués

# SECRETARY-BOOKKEEPER (1)

Emilia Coslada Gracia
C/ Miguel Hernández, 3, 6.°
45021 Toledo
Spain
Tel.: 525 789 644
38 years old

SECRETARY-BOOKKEEPER

PROFESSIONAL SKILLS
**Bookkeeping**
Entered all accountancy data
Kept official books
Established pay-slips and managed the staff files
Filed VAT returns
Checked and followed up the suppliers' and customers' accounts
Established customers', suppliers' and overhead account's balances
Balances justification

**Secretarial**
Answered phone calls
Wrote meetings reports

**Invoicing**
Made out and registered invoices
Made out monthly reports and customers drafts

WORK HISTORY
1995-today: secretary and bookkeeper for a company marketing office furniture (45 employees, X million pounds turnover)

1990-1995: secretary and bookkeeper for a plant engineering company (150 employees, X million pounds turnover)

1985-1990: clerk in a solicitor's office

EDUCATION
Clerk professional diploma (CAP) 1977
Administrative clerk professional diploma (BEP) 1977
Vocational training in data processing: Word 6, Winword, Excel

LANGUAGES
Fluent English
Good notions of Portuguese

**INFORMACIÓN ADICIONAL**
Dominio de los programas Word y Excel

**AFICIONES**
Lectora para adultos y niños en una biblioteca pública
Monitora de esquí para niños durante el verano

## ADDITIONAL SKILLS
Data processing: good knowledge of Word and Excel

## HOBBIES
Reader for children and adults in a district library
Ski instructor (for children during winter camps)

# SECRETARIA/O CONTABLE (2)

María Val Toledo
C/ Rubén Darío, 66, 3.º
10063 Cáceres
Teléfono domicilio: 527 896 436
Teléfono oficina: 527 844 791
35 años

SECRETARIA CONTABLE

EXPERIENCIA PROFESIONAL
De 1989 a la actualidad: secretaria contable para una empresa que fabrica
y comercializa equipos y material de oficina (200 trabajadores, X millones
de euros de facturación)

**Contabilidad**
Gestión de la contabilidad de clientes
Gestión de los problemas relativos a la facturación
Contabilidad de proveedores

**Secretariado**
Registro y seguimiento de los pedidos de clientes
Elaboración de presupuestos
Atención de las llamadas telefónicas
Organización de la agenda del director

FORMACIÓN
Diplomatura en Administración de empresas con especialización en
Contabilidad y Finanzas

AFICIONES
Imparto cursos de cocina asiática en un centro para jóvenes

# SECRETARY-BOOKKEEPER (2)

María Val Toledo
C/ Rubén Darío, 66, 3.°
10063 Cáceres
Spain
Home: 527 896 436
Office: 527 844 791
35 years old

SECRETARY-BOOKKEEPEF

WORK EXPERIENCE
1989-present: secretary-bookkeepər for a company manufacturing and selling office equipment and stationery (200 employees, X million euro turnover)

**Bookkeeping**
Handle customers accounts
Manage invoicing disputes
Suppliers bookkeeping

**Secretarial job**
Record and follow-up customers' ɔrders
Draw up estimates
Answer the phone
Organise the manager's diary

EDUCATION
Three years university Degree in Management and administration, option: Accounting and finance

HOBBIES
Give Asian cooking lessons ir a Youth Centre

# SECRETARIA/O DE DIRECCIÓN

Carmen Luque Casas
C/ Islas Filipinas, 5, 3.º
28096 Madrid
Tel.: 514 758 612
40 años

SECRETARIA DE DIRECCIÓN

OBJETIVOS PROFESIONALES
Desearía ocupar el papel de secretaria de dirección para poner en práctica mis capacidades organizativas y de redacción

EXPERIENCIA ADQUIRIDA
**Ofimática**
Gestión de la programación
Gestión de la documentación
Gestión de la correspondencia y elaboración de informes sobre las reuniones
Atención a los clientes
Organización de la agenda del director general
Centralita

**Actividades comerciales**
Gestión administrativa de las ventas
Gestión de los clientes
Redacción de material promocional
Gestión de las muestras de productos

**Actividades por escrito**
Elaboración de informes dirigidos a los vendedores
Elaboración de informes anuales sobre las actividades de la empresa
Participación en la redacción del periódico interno

**Informática**
Windows 98, Excel, Word, Access, bases de datos

EXPERIENCIA PROFESIONAL
1995-2000: secretaria de dirección en la sociedad X: distribución de productos farmacéuticos (102 trabajadores, X millones de facturación)

1990-1995: secretaria de dirección para la sociedad Y: sociedad de importación-exportación (50 trabajadores, X millones de euros de facturación)

1985-1990: secretaria de dirección para la sociedad Z: fábrica de chocolate (65 trabajadores, X millones de euros de facturación)

# EXECUTIVE SECRETARY

Carmen Luque Casas
C/ Islas Filipinas, 5, 3.º
28096 Madrid
Spain
Tel.: 514 758 612
40 years old

EXECUTIVE SECRETARY

OBJECTIVE
Position as an executive secretary making full use of my management and
writing skills

PROFESSIONAL SKILLS
**Office automation**
Manage schedules
Follow-up dossiers
Write letters and meeting reports
Customers reception and information
Management of the general manager's diary
Answer the phone

**Trade**
Sales management
Customers follow-up
Write advertising documents
Product tests management

**Drafting**
Write and deliver briefing to the sales teams
Write yearly reports about the company's activities
Take part in drafting the house organ

**Data processing**
Windows 98: Excel, Word, Access, data banks

WORK HISTORY
1995-2000: executive secretary for the company X: pharmaceuticals
distribution, 102 employees, X million euro (Y million pounds turnover)
1990-1995: executive secretary for the company Y: import and export company,
50 employees, X million euro turnover (Y million pounds)
1985-1990: executive secretary for the company Z: chocolate factory,
65 employed, X million euro turnover (Y million pounds)

**FORMACIÓN**
Título de Bachiller
Diplomatura en lenguas extranjeras
Curso de formación profesional de Secretaria de dirección

**IDIOMAS**
Inglés fluido (*au-pair* durante un año de estudios)
Francés fluido

**INTERESES PERSONALES**
Responsable de la recogida de fondos para los pobres del barrio

**AFICIONES**
Diseño y realización de una maqueta musical. Inscripción en la SGAE como autora, compositora e intérprete

EDUCATION
Diploma
Three years university Degree in Foreign languages
Professional studies for executive secretary

LANGUAGES
Fluent English (one year au pair during my studies)
Fluent French

EXTRACURRICULAR ACTIVITIES
Responsible for a funds collecting for the poor people in my neighbourhood

HOBBIES
Design and creation of an audio tape. Member of SGAE as an author,
composer and interpreter

# SECRETARIA/O DE DIRECCIÓN BILINGÜE

Pilar Sorribas Guix
C/ Valencia, 56, 1.º
08026 Barcelona
Tel.: 534 521 283
30 años

SECRETARIA DE DIRECCIÓN BILINGÜE
Castellano/inglés

EXPERIENCIA PROFESIONAL
1994-1996: empresa de pastelería hispanoamericana (350 trabajadores): secretaria del director de ventas, del director general y del director de contabilidad y recursos humanos:
• participación en la selección de personal (redacción de anuncios, preselección de candidatos)
• contactos con el Instituto Nacional de Empleo y las agencias de trabajo temporal
• traducción de documentos comerciales, de material promocional y de catálogos de productos

1988-1989: Londres, cooperativa de transportes: secretaria administrativa bilingüe:
• redacción de la correspondencia en castellano e inglés
• gestión de los contactos con los conductores extranjeros

1986: profesora de español en un colegio escocés, responsable de dos clases de 30 alumnos cada una

FORMACIÓN
1994: diplomatura en Comercio Internacional (especialidad: Contabilidad y tratamiento de textos)

1992: título de formación profesional en Contabilidad

1990: Lower Cambridge Proficiency
Título de la Cámara de Comercio británica

FORMACIÓN COMPLEMENTARIA
Programa de formación en el departamento español de una empresa británica durante cinco semanas

CONOCIMIENTOS INFORMÁTICOS
Informática: Word, Excel, Works, WordPerfect, Spiga

# ASSISTANT EXECUTIVE SECRETARY BILINGUAL

Pilar Sorribas Guix
C/ Valencia, 56, 1.°
08026 Barcelona
Spain
Phone: 534 521 283
30 years old

ASSISTANT EXECUTIVE SECRETARY BILINGUAL
Spanish/English

WORK HISTORY
1994-1996: Spanish-American biscuit factory (350 employees):
assistant of the Sales manager, General manager, Accounting and human resources manager:
• took part in recruiting employees (wrote announcements, first selection of the candidates)
• link with the Regional Agency for Employment and temping agencies
• translated commercial documents, advertisements and products catalogues

1988-1989: London: road transport co-operative society:
bilingual Administrative assistant
• wrote the correspondence in Spanish and in English
• managed the contracts of foreign drivers

1986: Spanish assistant in a Scottish college. Responsible for two classes of 30 pupils

EDUCATION
1994: university Degree in International commerce (three years technical Degree in Accounting and Word processing)

1992: Spanish secondary school diploma in Accounting

1990: Lower Cambridge Proficiency
Diploma of the British Chamber of Commerce

ADDITIONAL EDUCATION
Training program in the Spanish office of a British company for 5 weeks

SPECIAL SKILLS
Data processing: Word, Excel, Works, WordPerfect, Spiga

**IDIOMAS**
Bilingüe español-inglés
Segundo de bachiller en Gran Bretaña
Un año de prácticas en una empresa británica en París
Tres años en una empresa hispanoamericana

**INTERESES PERSONALES**
Jugadora de tenis semiprofesional en una asociación regional de tenis

## LANGUAGES
Bilingual Spanish/English
Two years Grammar school in Great Britain
One year in Paris in an British company
Three years in an Spanish-American company

## EXTRACURRICULAR ACTIVITIES
Ranked tennis player in the regional tennis association

# SECRETARIA/O (1)

Virgina Gabás Lozano
C/ Almogávares, 4, 2.º
24003 Huesca
Tel.: 574 252 156
52 años

SECRETARIA

DATOS ACADÉMICOS
1992-1994: título de secretaria contable

1987-1989: título de taquigrafía

EXPERIENCIA PROFESIONAL
1993-1994: secretaria en un estudio de un agente inmobiliario:
• elaboración de los informes de las reuniones
• organización de las citas y la agenda
• control del fichero de clientes

1991-1992: ayudante bibliotecaria:
• diseño de un cuestionario para identificar con mayor precisión las necesidades de los lectores
• creación y realización de un nuevo sistema de clasificación

1971-1974: peón industrial:
• fabricación de recambios para automóviles en una cadena de montaje

VARIOS
Permiso de conducir
Título de primeros auxilios

AFICIONES
Canto en un coro

# SECRETARY (1)

Virgina Gabás Lozano
C/ Almogávares, 4, 2.°
24003 Huesca
Spain
Tel.: 574 252 156
52 years old

SECRETARY

EDUCATION
1992-1994: Secretary and bookkeeper professional diploma

1987-1989: Typist professional diploma

WORK HISTORY
1993-1994: clerk for an estate agent
• wrote meetings reports
• managed schedules and appointments
• followed-up customers dossiers

1991-1992: assistant to a librarian
• designed a questionnaire in order to identify more precisely the readers requirements
• designed and implemented a new classification system

1971-1974: technical operator
• manufactured car spare parts on an assembly line

MISCELLANEOUS
Driving licence
First Aid National Certificate

HOBBIES
Singing in a choral society

# SECRETARIA/O (2)

Marina del Bosque Castillo
C/ Luna, 56, 2.°
40056 Segovia
Tel.: 521 456 831

SECRETARIA

EXPERIENCIA ADQUIRIDA
**Importación-Exportación**
Responsable de los contactos con otros países en el departamento de exportaciones
Elaboración de informes sobre las reuniones
Responsable de las relaciones con los proveedores y los clientes británicos

**Labores organizativas**
Organización de viajes para el personal
Gestión de seminarios
Organización de la agenda del director

**Tratamiento de textos**
Word, Works

FUNCIONES PROFESIONALES
Labores de secretaria
Atención de las llamadas telefónicas
Organización de la agenda
Supervisión de un equipo de 7 secretarias

FORMACIÓN
Título de FP de Secretariado

IDIOMAS
Inglés fluido

AFICIONES
Monitora de una colonia infantil

# SECRETARY (2)

Marina del Bosque Castillo
C/ Luna, 56, 2.º
40056 Segovia
Spain
Tel.: 521 456 831

SECRETARY

SUMMARY OF QUALIFICATIONS
**Import-Export**
Responsible for follow-up in Export department
Write meeting reports
Responsible for contacts with British suppliers and customers

**Organization**
Organise travel arrangements for the staff
Handle seminars
Organise the manager's diary

**Word processing skills**
Word, Works

PROFESSIONAL ACHIEVEMENTS
Provide full secretarial support
Answer the phone
Schedule appointments
Supervise a team of 7 secretaries

EDUCATION
Spanish secondary school diploma in Secretaryship

FOREIGN LANGUAGES
Fluent English

HOBBIES
Assistant in holiday camps for children

# GLOSARIO ESPAÑOL-INGLÉS

Con el fin de ayudar a quienes estén buscando trabajo en Gran Bretaña o en Estados Unidos, o a quienes lleguen de estos países para hacerlo en España, incluimos a continuación un breve glosario con los términos más comunes a la hora de buscar trabajo y preparar un currículum o una carta de presentación.

## ➤ Funciones y profesiones

| | |
|---|---|
| abogado | lawyer, solicitor (GB), attorney (EE.UU.) |
| adjunto a dirección | executive assistant |
| adjunto al director de proyecto | project manager assistant |
| adjunto a la secretaría general | in-house counsel |
| agente de viajes | travel agent |
| albañil | bricklayer |
| aprendiz | apprentice |
| artesano | craftsman |
| asistente técnico | service engineer |
| auxiliar contable | accountant assistant |
| bibliotecario | librarian |
| cajero | cashier |
| camarero | waiter |
| camarero de barra | bartender |
| carpintero | carpenter, joiner |
| coadministrador | co-manager |
| cocinero | cook |
| comercial | travelling salesman |
| conductor | driving operator |
| consejero de empresa | consultant |

| | |
|---|---|
| contable | accountant |
| director | manager |
| director comercial | business manager/sales manager |
| director del departamento financiero | director of financial department |
| director del departamento de ventas | district sales manager |
| director de distribución | distribution manager |
| director de filial | branch/office manager |
| director financiero | financial director |
| director general | managing director |
| director de marketing | marketing director |
| director de personal | personnel manager |
| director de planta | plant/works manager |
| director de producción | production manager |
| director de proyecto | project director |
| director de recursos humanos | human resources manager |
| director regional | area/district manager |
| director de relaciones con los clientes | customer relations manager |
| director técnico | operations manager |
| director de tienda | store manager |
| director de ventas | sales manager |
| diseñador | designer |
| ebanista | cabinet-maker |
| editor | publisher |
| educador | educator |
| empleado | clerk (GB), white-collar staff (EE.UU.) |
| enfermera | nurse |
| enólogo | enologist |
| esteticista | beautician |
| gestor (1) | controller/cost controller |
| gestor (2) | principal auditor |
| gestor financiero | financial controller/auditor |
| ingeniero civil (1) | building and facilities engineer |
| ingeniero civil (2) | civil engineer |
| ingeniero electricista | electrical engineer |
| ingeniero electrónico | electronics engineer |
| ingeniero informático | computer engineer |
| ingeniero de investigación | research engineer |
| ingeniero jefe | chief engineer |

| | |
|---|---|
| **ingeniero de obra** | site support engineer |
| **ingeniero de planificación** | planning engineer |
| **ingeniero de producción** | production engineer |
| **ingeniero de proyecto** | project engineer |
| **ingeniero químico** | chemical engineer |
| **ingeniero de sonido** | sound engineer |
| **ingeniero técnico** | applications engineer |
| **ingeniero de telecomunicaciones** | telecommunications engineer |
| **ingeniero de transportes** | transport engineer |
| **ingeniero de ventas** | sales engineer |
| **investigador** | researcher |
| **jefe de contabilidad** | head accountant |
| **jefe de departamento** | shop walker |
| **jefe de personal** | personnel manager |
| **jefe de proyecto** | supervisor |
| **logopeda** | speech therapist |
| **maestro** | primary school teacher |
| **mecánico** | mechanic |
| **mecanógrafo** | typist |
| **médico** | medical doctor, physician |
| **médico de familia** | general practitioner (GB) |
| **obrero** | worker |
| **obrero mecánico** | metal worker |
| **peluquero** | hairdresser |
| **periodista** | journalist |
| **perito mercantil** | certified public accountant |
| **ponente** | lecturer |
| **presidente** | chairman |
| **profesor** | teacher |
| **profesor de lengua inglesa** | english tutor |
| **recepcionista** | receptionist |
| **relaciones públicas** | public relations officer |
| **representante** | representative |
| **responsable de administración** | senior/chief/head accountant |
| **responsable de agencia** | branch manager |
| **responsable de compras** | buyer, purchasing manager |
| **responsable de contabilidad** | senior accountant, chief accountant (EE.UU.) |
| **responsable del control de la gestión** | principal auditor |
| **responsable de departamento** | department head |

| | |
|---|---|
| responsable de formación | training manager |
| responsable de producto | brand manager |
| responsable de proyecto | project leader |
| responsable de publicidad | account executive |
| responsable de punto de venta/tienda | shop/store manager |
| responsable de relaciones externas | public relations manager |
| responsable relaciones públicas | public relations manager |
| responsable de suministros | supplies manager |
| responsable de ventas | sales manager |
| secretaria administrativa | administrative assistant |
| secretaria auxiliar | secretarial assistant |
| secretaria de dirección | executive secretary |
| secretaria trilingüe | trilingual secretary |
| taquígrafa | shorthand typist |
| técnico comercial | contracts engineer |
| técnico de investigación y desarrollo | research officer |
| técnico de mantenimiento | storekeeper, warehouse keeper |
| telefonista | receiving clerk, switchboard operator |
| tipógrafo | printer |
| trabajador autónomo | self-employed |
| trabajador temporal | temporary worked |
| vendedor | salesman |

## Sectores de actividad

| | |
|---|---|
| agencia de viajes | travel agency |
| agricultura | agriculture |
| alquiler de automóviles | car rental |
| bancos e instituciones financieras | finance |
| cámara de comercio | chamber of commerce, board of trade (EE.UU.) |
| comunicación | communication |
| construcción | construction, building |
| construcciones mecánicas | mechanical engineering |
| construcciones navales | shipbuilding |
| consultoría | consulting, counselling |
| contabilidad y administración | accounting |
| edición | publishing |
| empresa de trabajo temporal | temping agency |

| | |
|---|---|
| explotación forestal | forestry |
| imprentas | publishing and printing |
| industria aeroespacial | aerospace industry |
| industria farmacéutica | pharmaceuticals |
| industria papelera | paper and allied products |
| industria petrolífera | oil industry |
| industria química | chemical products |
| industria textil | textile industry |
| informática | computer science, computer services |
| investigación industrial | industrial research |
| marketing | marketing |
| medios de comunicación | media |
| nuevas tecnologías | new technologies |
| obras públicas | civil engineering |
| pesca | fishing |
| producción en serie | mass production |
| publicidad | advertising |
| relaciones internacionales | international relations |
| relaciones públicas | public relations |
| restauración | catering |
| secretariado | secretarial |
| sector electrónico | electronics |
| sector inmobiliario | real estate |
| sector metalúrgico | primary metal industries |
| sector terciario | tertiary sector, services |
| seguros | insurance |
| sociedades de inversión | investment companies |
| sucursal | branch |
| taller mecánico | machine shop |
| talleres de reparación | fitting shop |
| transportes | transports |
| venta al por mayor | wholesale |
| venta al por menor | retail trade |

## Servicios dentro de la empresa

| | |
|---|---|
| departamento de administración | accounts department, accounting |
| departamento comercial | commercial department |
| departamento de compras | purchasing department |

| | |
|---|---|
| departamento de finanzas | finance department |
| departamento de formación | training department |
| departamento jurídico | legal department |
| departamento de mantenimiento | upkeep, maintenance department |
| departamento de marketing | marketing department |
| departamento de personal | personnel department |
| departamento posventa | after-sales department |
| departamento de relaciones públicas | public relations department |
| departamento de suministros | supplies department |
| departamento de ventas | sales department |
| domicilio social | head office |
| servicio técnico | technical department |

## Habilidades y aptitudes

| | |
|---|---|
| adaptable, flexible | adaptable, flexible |
| capacidad de organización | secretarial skills |
| capacidad de relación con los demás | interpersonal skills |
| competente en | skilled in |
| conocimiento de una lengua extranjera | fluency in (a language) |
| conocimientos profesionales específicos | know-how, expertise |
| dotes de gestión y dirección | practical management skills |
| eficiente/eficiencia | efficient/efficiency |
| facilidad para redactar | experienced in writing |
| fiabilidad | reliability, dependability |
| gran experiencia (en) | experienced (in) |
| objetivos | objectives |
| puntos débiles | weak points |
| puntos fuertes | strong points |
| recibir un encargo | be entrusted with (to) |
| seguro de sí mismo | confident |

## Términos técnicos

| | |
|---|---|
| aconsejar | to counsel |
| acta (de una reunión) | minutes |

| | |
|---|---|
| actividad «en curso» | current affairs |
| analizar | to analyse |
| animar, motivar a un grupo de trabajo | to motivate a team |
| aumentar la productividad | to increase productivity |
| aumentar las ventas | to increase sales (by) |
| balance | balance sheet |
| beneficio neto | profit margin |
| beneficios, ganancias | profits, earnings |
| cadena de montaje | assembly line |
| cliente | customer |
| comercializar | to market |
| competidor | competitor |
| conquistas | achievements |
| contrato de compra-venta | bill of sales |
| contribuir a | to contribute (to) |
| controlar (1) | to monitor, to control |
| controlar (2) | to supervise |
| controlar, dirigir un grupo de trabajo | to supervise a team |
| coordinar | to co-ordinate |
| costes excesivos | overcharged costs |
| costes de producción | production costs |
| dedicar tiempo a | devote time (to) |
| déficit | deficit |
| desarrollar nuevos mercados | to develop new markets |
| desempeñar una labor | to perform a task |
| dirigir, coordinar un departamento | to manage a department |
| documentación | documentation |
| domicilio social | headquarters |
| economizar | to save |
| embalaje | packaging |
| empresa privada | private sector company |
| empresa pública | state-owned company |
| encargado de, responsable | responsible |
| entrega | delivery |
| envío | consignment |
| equipo de venta | sales force |
| estrategia | strategy |
| estudio de mercado | market survey |

| | |
|---|---|
| evaluar | to evaluate, to asses |
| exposición | exhibition |
| fábrica | factory |
| facturación | turover |
| falta | gap |
| filial | subsidiary, branch |
| gasto | expenditure, spending |
| gestión del almacén | stock control |
| gestionar | to manage |
| gestionar un grupo | to manage a team |
| grupo industrial | industrial group |
| importar | to import |
| informe | report |
| instalación | installation, implementation |
| inversión | outlay |
| lanzar un producto | to launch (a product) |
| mantenimiento | handling |
| marca de fábrica | trademark |
| marca registrada | registered trademark |
| margen | margin |
| material de prueba | demo |
| material publicitario | pamphlet, booklet, brochure |
| medios de producción | capital goods |
| mercado financiero | stock market |
| modernizar | to update |
| multinacional | international corporation |
| necesidad | requirement, need |
| negociar, contratar | to negotiate |
| obra | site |
| participar en | to participate in |
| pedido | order |
| plan | schedule |
| planificar | to plan |
| poner en marcha | to implement |
| por cuenta de | on behalf of |
| precio de mercado | sales figure |
| preparar un informe | to report |
| prever | to forecast |
| producir | to manufacture |
| productividad | productivity |

| | |
|---|---|
| **promover** | to promote |
| **prospecto** | outlook, prospect |
| **proveedor** | supplier |
| **proyectar** | to design |
| **publicar** | to issue |
| **punto de venta** | point of sale |
| **PYMES (pequeñas y medianas empresas)** | small and medium-sized companies |
| **recesión** | slow down |
| **reducción** | cutback |
| **reducir** | to cut down, to decrease |
| **reducir los gastos** | to reduce expenses |
| **relación de cuentas (contable)** | statement |
| **rendimiento** | efficiency, return, yield |
| **residuos** | waste |
| **responsable de** | responsible for |
| **resultados** | achievements, results |
| **rotación del almacén/ de las existencias** | stocks turnover |
| **sector en cabeza** | leading sector |
| **sistema operativo** | operating system |
| **sucursal** | branch |
| **suministro** | supply |
| **tecnología punta** | leading edge technologies |
| **tesorería** | cash flow |
| **ventas** | sales |

# EL MODELO DE CURRÍCULUM EUROPEO

Se publicó en el *Diario Oficial de la Comunidad Europea* del 22 de marzo de 2002 y puede considerarse un modelo de referencia para todo aquel que quiera presentarse a una oferta de trabajo de una empresa británica o estadounidense.
Se trata de un modelo común europeo para la redacción del currículum vítae, cuyo objetivo es conseguir que las habilidades y capacidades del candidato sean comprensibles y transparentes para todos los ciudadanos europeos.
Claro y completo, se organiza en los siguientes puntos:

**Información personal.** En este apartado se deben indicar los datos personales, el domicilio y los números de teléfono.
Además, es necesario señalar la dirección de correo electrónico y la nacionalidad, sobre todo si se quiere trabajar fuera del país de origen.

**Experiencia laboral.** En esta sección deben señalarse las experiencias en orden de más reciente a menos, indicando la duración y los datos de cada empresa (tipo, actividad...), así como las principales funciones desempeñadas dentro de ellas. Es conveniente detallar lo mejor posible los trabajos realizados e indicar, si existen, los logros obtenidos.

**Educación y formación.** Aquí se exponen las escuelas en las que se han cursado estudios, señalando el nombre y el tipo de cada una, las principales materias de estudio y la calificación obtenida (junto al año de obtención). Todo ello, al igual que en el apartado anterior, partiendo de los títulos más recientes.
No se debe olvidar mencionar las calificaciones obtenidas en los cursos de formación profesional.

**Capacidades y aptitudes personales.** Esta es la parte más extensa y consistente del currículum. Se trata de indicar los conocimientos adquiridos durante la trayectoria profesional, aunque no vengan avalados por certificados o titulaciones oficiales. Esta sección se divide en otros subapartados, algunos de los cuales se pueden omitir si no se tiene nada que decir para rellenar solamente los que tienen que ver con la figura profesional propia.

➔ **Otros idiomas.** Hay que indicar de cada lengua el nivel de conocimiento que se posee (excelente, bueno o básico) en lectura, escritura y expresión oral.

➔ **Aptitudes artísticas.** Es el caso de las personas con conocimientos de música, pintura, que saben escribir, tienen especiales habilidades manuales o conocen muy bien otros tipos de arte. Al hablar de estas aptitudes se debe indicar dónde y de qué modo se han adquirido.

➔ **Aptitudes sociales.** Se consideran siempre muy importantes en la valoración del currículum, cuya finalidad es conseguir la selección de una persona no solamente por su perfil profesional.
En este apartado es posible detallar las capacidades desarrolladas trabajando o viviendo con otras personas, o en un ambiente multicultural, o desempeñando papeles en los que la comunicación resulta importante, o en situaciones en las que haya sido fundamental trabajar en equipo (por ejemplo, en la práctica de deportes como el baloncesto, el fútbol o el voleibol).

➔ **Aptitudes organizativas.** Se trata de exponer la habilidad para coordinar y dirigir personas y proyectos. Son habilidades que es posible adquirir no sólo en el trabajo, sino también en otros ámbitos como servicios de voluntariado, asociaciones, tomando parte en iniciativas de carácter deportivo o estando en casa.

➔ **Aptitudes técnicas.** En este apartado es bueno subrayar la pericia para utilizar ordenadores, equipos, máquinas o maquinaria de producción.
Respecto al ordenador, es aconsejable explicar bien qué programas se conocen y, sobre todo, cuál es el grado exacto de conocimiento.

➔ **Permisos.** Es el lugar para indicar que se posee el permiso de conducir (automóviles u otros medios de transporte) u otro tipo de permisos, como los que habilitan para ejercer una determinada profesión o la acreditación europea de manejo del ordenador (ECDL).

➔ **Otras capacidades y aptitudes.** Se trata de una sección «libre» en la que se pueden incluir detalles adicionales y todo aquello que se considere que interesará al seleccionador o que todavía no se haya incluido.

➔ **Información adicional.** Otro apartado en el que se pueden señalar, por ejemplo, las referencias personales.

➔ **Anexos.** Si se considera conveniente, se pueden incluir en este punto los documentos para completar el perfil personal o certificarlo. Por ejemplo, una recensión sobre un libro que se ha escrito, un artículo de un periódico, o de una publicación interna de una empresa en la que se haya trabajado donde se reflejen claramente los resultados obtenidos.

Para poder obtener más información sobre el modelo de currículum europeo, y sobre todo para descargarlo directamente de Internet, es posible dirigirse al sitio www.trainingvillage.gr y registrarse siguiendo los sencillos pasos que se indican.

A continuación, reproducimos un ejemplo de currículum realizado según las reglas del modelo común europeo en las versiones española e inglesa.

# CURRÍCULUM EUROPEO: VERSIÓN ESPAÑOLA

## INFORMACIÓN PERSONAL

| | |
|---|---|
| *Nombre* | López Mediano, Margarita |
| *Dirección* | C/ Lago, 142, 28086 Madrid |
| *Teléfono* | 514 562 558 |
| *Correo electrónico* | margalo@hotmail.com |
| *Estado civil* | Casada, dos hijos |
| *Nacionalidad* | Española |
| *Fecha de nacimiento* | 15/09/1965 |

## EXPERIENCIA LABORAL

| | |
|---|---|
| *Fechas* | De septiembre de 1996 a la actualidad |
| *Nombre y dirección de la empresa* | Quality & Services, Servicios a las empresas para el Mercado Único, S.A. |
| | C/ Rosaleda, 90, 28040 Madrid |
| *Tipo de empresa o actividad* | Servicios de información a las empresas vía Internet sobre: normativa técnica, certificación, calidad, seguridad, medioambiente |
| *Tipo de trabajo* | Directivo (desde 1999) – Coordinador responsable, directamente dependiente del Vicepresidente |
| *Principales funciones y responsabilidades* | En mi calidad de guía operativa de la sociedad, están bajo mi responsabilidad y competencia todas las áreas funcionales de la empresa |

Dentro de mis funciones, me he ocupado especialmente del diseño y preparación de:
• sitio Internet y sistema correspondiente de gestión de datos (www.serqual.es)
• programas de formación a distancia y autoaprendizaje en materia de calidad, seguridad y medioambiente, dirigidos a trabajadores y jóvenes
• programas de formación y asistencia técnica financiados (Fondo Social Europeo, otros programas comunitarios y fondos ministeriales)

| | |
|---|---|
| *Fechas* | De octubre de 1992 a septiembre de 1996 |
| *Nombre y dirección de la empresa* | Asociación Nacional Española de Certificaciones C/ Bobadilla, 45, 28012 – Madrid |
| *Tipo de empresa o actividad* | Organismo de certificación, miembro español de CEN e ISO |
| *Tipo de trabajo* | Asistente del Presidente, Ayudante para los Asuntos Europeos, después Responsable de la Oficina de estudios |

# EUROPEAN CLRRICULUM: ENGLISH VERSION

## PERSONAL INFORMATION

| | |
|---|---|
| *Name* | López Mediano, Margarita |
| *Address* | C/ Lago, 142 – 28086 Madrid |
| *Telephone* | 514 562 558 |
| *e-mail* | margalo@hotmail.com |
| *Civil status* | Married, two children |
| *Nationality* | Spaniard |
| *Date of birth* | 15/09/1965 |

## WORK EXPERIENCE

| | |
|---|---|
| *Dates* | From September 1996 till today |
| *Name and address of employer* | Quality & Services, Servicios a las empresas para el Mercado Único, S.A. C/ Rosaleda, 90 – 28040 Madrid |
| *Type of business or sector* | Information services to enterprises via Internet concerning: Standardization, Certification, Quality, Safety, Environment |
| *Occupation or position held* | Manager (since 1999) – Managing Director reporting to the Vice President |
| *Main activities and responsibilities* | Managing and monitoring all the company's functions and activities |

I was directly involved in the designing and implementation of:
• Company website (www.serqual.es), well appreciated Portal in the field of Quality, Safety and Environment
• Long-distance learning products on Quality, Safety, Environment addressed both to professionals and schools
• Training and Technical Assistance Projects funded by the Social European Fund or other EU/Spanish funding programmes

| | |
|---|---|
| *Dates* | October 1992 – September 1996 |
| *Name and address of employer* | Asociación Nacional Española de Certificaciones C/ Bobadilla, 45 – 28012 Madrid |
| *Type of business or sector* | Spanish National Certification Body, Spanish member of ISO and CEN |
| *Occupation or position held* | Employee, Assistant to the President for European Affairs |
| *Main activities and responsibilities* | International relations: support to the President in the preparation of international meetings (technical briefing and logistics) |

• Participation on behalf of the Organisation in international meetings and events

| *Principales funciones* *y responsabilidades* | Relaciones internacionales: apoyo a la Presidencia en la preparación de reuniones (asistencia documental y logística) |
|---|---|

- participación en reuniones como representante de la Asociación
- realización de proyectos de asistencia técnica con Europa del Este y América latina
- recepción de las delegaciones extranjeras

| *Fechas* | De septiembre de 1991 a septiembre de 1992 |
|---|---|
| *Nombre y dirección de la empresa* | Colegio Europeo de Madrid C/ Ronda, s/n – 28056 Madrid |
| *Tipo de empresa o actividad* | Instituto especializado en Derecho, Economía y Políticas comunitarias |
| *Tipo de trabajo* | Colaboración coordinada y continuada para la realización de una base de datos de derecho europeo en materia de alimentación |
| *Principales funciones o responsabilidades* | Estudio, análisis y clasificación de medidas comunitarias aplicables a los productos alimentarios |

**EDUCACIÓN Y FORMACIÓN**

| *Fechas* | De septiembre de 1990 a junio de 1991 |
|---|---|
| *Nombre y tipo de centro educativo o de formación* | Colegio Europeo de Madrid Ciudad Jardín, 45 – 28007 Madrid Curso de especialización en Derecho, Economía y Políticas comunitarias |
| *Principales materias/ habilidades ocupacionales tratadas* | Conocimiento de los fundamentos institucionales y jurídicos base de la Comunidad Europea: libre circulación de mercancías, competencia, medioambiente, protección de los consumidores, ayudas del Estado, transportes. Capacidad de gestión de la documentación y divulgación en periódicos especializados. |
| *Calificación obtenida* | Título de especialización |

| *Fechas* | De noviembre de 1984 a julio de 1990 |
|---|---|
| *Nombre y tipo de centro educativo o de formación* | Universidad Complutense de Madrid Facultad de Ciencias Políticas, itinerario político-económico |
| *Calificación obtenida* | Título de licenciado. Sobresaliente cum laude |

• Implementation of technical assistance projects addressed to Latin America and East European countries
• Welcoming to foreign delegations

| | |
|---|---|
| *Dates* | September 1991 – September 1992 |
| *Name and address of employer* | Colegio Europeo de Madrid<br>C/ Ronda, s/n – Madrid |
| *Type of business or sector* | Master in Law, Economics, Policies of the European Communities |
| *Occupation or position held* | Free-lance. Implementation of a Database on Food European Common Law |
| *Main activities and responsibilities* | Search, analysis and classification of EU provisions applicable to Food |

## EDUCATION AND TRAINING

| | |
|---|---|
| *Dates* | September 1990 – June 1991 |
| *Name and type of organization providing education and training* | Colegio Europeo de Madrid<br>Ciudad Jardín, 45 – Madrid<br>Economics. Policies of the European Communities |
| *Principal subjects/ occupational skills covered* | Deep knowledge of the funding principles and main functioning rules of the European Communities: free circulation of goods, competition, environment, consumer protection, State aids, transport. Skills in document management and news reporting |
| *Title of qualification awarded* | Diploma |

| | |
|---|---|
| *Dates* | November 1984 – July 1990 |
| *Name and type of organisation providing education and training* | Universidad Complutense de Madrid<br>Faculty of Political Science |
| *Title of qualification awarded* | Degree certificate – 110/110 *summa cum laude* |

| | |
|---|---|
| *Dates* | 1979-1984 |
| *Name and type of organisation providing education and training* | Instituto Público Carlos III |
| *Title of qualification awarded* | Secondary School Diploma |

| Fechas | De 1979 a 1984 |
|---|---|
| Nombre y tipo de centro educativo o de formación | Instituto Público Carlos III |
| Calificación obtenida | Título de Bachiller |

## CONOCIMIENTOS LINGÜÍSTICOS

| Primera lengua | Español | |
|---|---|---|
| Otra lengua | Inglés | |
| | Leído | Excelente |
| | Escrito | Excelente |
| | Expresión oral | Excelente |
| Otra lengua | Francés | |
| | Leído | Bueno |
| | Escrito | Bueno |
| | Expresión oral | Buena |

## CAPACIDADES Y APTITUDES PERSONALES

| Capacidades y aptitudes sociales | Comunicativa, con facilidad para las relaciones, capaz de mediar y conciliar diferentes intereses y puntos de vista. Poseo un fuerte espíritu corporativo y sentido de liderazgo, ya desde la juventud, en la Asociación Scouts de España (ASDE) y desarrollado posteriormente durante los seis años de guía operativa de la sociedad |
|---|---|
| Capacidades y aptitudes organizativas | Dotada de inmejorables capacidades organizativas, he tenido la ocasión de ponerlas en práctica no sólo coordinando a los colaboradores, sino también operando como directora de proyecto a nivel internacional. En especial, he proyectado y atendido el desarrollo de: <br>• proyecto de asistencia técnica para el desarrollo de calidad en Rumanía <br>• proyecto UE «INFO 1998» (España y Albania) para el desarrollo de CD-Rom sobre seguridad <br>• proyecto «Trabajar con calidad en el 2000» para la formación de artesanos manchegos <br>• proyecto «Las normas técnicas en la vida diaria» para el desarrollo de un itinerario formativo dirigido a los institutos de bachillerato españoles <br>Dentro de mis competencias no sólo se encontraban los aspectos organizativos, sino también los administrativos, de planificación del presupuesto, control y contabilidad |

## LANGUAGES

| | | |
|---|---|---|
| *Mother langue* | Spanish | |
| *Other languages* | English | |
| | Reading skils | Excellent |
| | Writing skills | Excellent |
| | Verbal skills | Excellent |
| *Other languages* | French | |
| | Reading skil s | Good |
| | Writing skills | Good |
| | Verbal skills | Good |

## PERSONAL SKILLS AND COMPETENCIES

| | |
|---|---|
| *Social skills and competencies* | Open, inclined to relations, ready to look for a solution capable of conciliating different interests and views. I love teamwork, where I can express both my co-operative nature and my natural attitude as a leader, as experienced during my youth, in the ASDE (Spanish Boy-Scout Association), and afterward, in the professional life |
| *Organisational skills and competencies* | Co-ordinat ng the staff helped me to mature sign ficant organisational skills and competencies. Besides, I worked as Project leader in several projects, most of which at international level, where I took care of the designing cf the activities, their implementation and the financial management. It is worthwhile mentioning:<br>• Technical Assistance Project for the Development of Quality in Romania<br>• Within the UE Programme «INFO 1998», a specific project or the development of a cd-rom on safety<br>• «Working according to ISO 9000 in 2000», a training project addressed to craftsmen in La Mancha (Spain)<br>• «Technical Standards in everyday life», a long distance learning project addressed to high schools |
| *Technical skills and competencies* | Good knowledge of Information Technology tools. I gained significant experience in the design of the logical scheme cf the Information System in my actual job and in other cus-omer companies. I developed important skills in the definition of a communication strategy via Internet (designing of a website, of a flow of information, of a marketing campaign) |
| *Artistic skills* | I enjoy writing, and I can count on a clear, neat style; such natural attitude has been helpful in the preparation of speeches and reports for the President; afterwards, in my daily activity of web-journalist, for the enterprise site |

| | |
|---|---|
| *Capacidades*<br>*y aptitudes técnicas* | Estoy muy familiarizada con los instrumentos de *Information Technology*. Sé proyectar un sistema informativo desde el punto de vista lógico, y me he encargado personalmente del desarrollo del sistema en la empresa y en otras empresas de clientes. Poseo una notable experiencia en la comunicación vía Internet (creación de página web, posicionamiento, campañas de marketing) |
| *Capacidades*<br>*y aptitudes artísticas* | Escribo con un estilo claro y coherente, como he demostrando redactando discursos para el presidente, informes y estudios; posteriormente me he encargado de mantener a diario las actualizaciones de la página web, redactando breves notas y artículos acerca de legislación y normativa técnica |

# Trabajar en Europa con la red Eures

Puesto que la libre circulación de trabajadores es una de las bases del mercado único europeo, la Comisión Europea y los Servicios de empleo de los estados miembros han creado la red Eures *(European Employment Services)*, es decir, una red de los servicios europeos de empleo.

Se trata de una auténtica oficina de colocación europea que recoge en tiempo real las ofertas de trabajo procedentes de los países miembros. Todo esto es posible gracias a la colaboración de unos 500 euroconsejeros que prácticamente en cada ciudad de Europa completan este precioso banco de datos y facilitan de este modo la movilidad de los ciudadanos de la Unión. En líneas generales ésta es la información que se puede consultar en la base de datos:

• ofertas de trabajo;

• legislación social y fiscal en vigor en los países miembros;

• oportunidades de formación;

• convalidación de las titulaciones obtenidas;

• costo de la vida y de los alojamientos en los países miembros;

• direcciones a las que dirigirse para pedir información y ayuda.

Por lo general, las oportunidades existentes en la base de datos tienen que ver con dos ámbitos: en primer lugar, la solicitud de puestos directivos, ingenieros y técnicos especializados para los que los candidatos deben poseer un nivel de estudios de al menos tres años universitarios o una experiencia equivalente. El segundo ámbito concierne a ofertas de trabajo en actividades económicas con un fuerte componente internacional (por ejemplo, turismo, industria hotelera o transportes). Muy a menudo, especialmente en los sectores hotelero y de la restauración, se trata de ofertas de trabajo por tiempo indeterminado, en ocasiones con alojamiento incluido. En otros casos, sobre todo en el sector de la agricultura, se puede tratar de tres o cuatro meses. Cualquier persona interesada, conectándose al sitio www.europa.eu.int, puede saber más sobre la base de datos, conocer la dirección y el nombre del euroconsejero más cercano a su lugar de residencia y, lo más importante, registrar sus datos para conocer al instante cuáles son las oportunidades de trabajo en Europa según su nivel de estudios y su disponibilidad de tiempo y para cambiar de lugar de residencia.

# BUSCAR TRABAJO A TRAVÉS DE INTERNET

No hace falta recordar que Internet es actualmente uno de los principales canales para buscar trabajo, sobre todo en el mundo anglosajón.

Si bien en Europa, y en particular en España, el uso de Internet no está demasiado difundido todavía a la hora de encontrar ofertas y demandas de empleo (aunque muchas empresas, sobre todo las de gran tamaño, han descubierto desde hace un tiempo las ventajas de este sistema de «reclutamiento» de su personal), en el mundo anglosajón se hace un uso casi «excesivo», y se considera, incluso, que para algunos perfiles profesionales Internet es el único sistema de selección realmente eficaz. Es el caso, sobre todo, de trabajos temporales de bajo nivel profesional para los que generalmente la empresa no invierte mucho en la selección.

Por este motivo hemos considerado útil proponer una lista de direcciones en Internet interesantes para optar a trabajos en Gran Bretaña o Estados Unidos. Estas direcciones no son, evidentemente, todas las posibilidades que Internet ofrece. Cada internauta puede encontrar las suyas.

## Portales para buscar trabajo

| | |
|---|---|
| www.jobs.com | www.job-search-engine.com/searchjob |
| www.hotjobs.com | www.monster.com |
| www.jobs1.co.uk | www.workinfonet.ca/jobs |

## Direcciones para buscar trabajo en Gran Bretaña

| | |
|---|---|
| www.worktrain.gov.uk | http://jobline.monster.co.uk |
| http://jobs.fish4.co.uk/jobs/index.jsp | www.education-jobs.co.uk |
| www.gisajob.com | www.hotrecruit.co.uk |

www.job2job.co.uk
www.jobmagic.net
www.jobsearch.co.uk
www.jobtrack.co.uk
www.monster.co.uk
www.reed.co.uk
www.topjobs.co.uk
www.workthing.com
www.jobpilot.co.uk
www.jobserve.com
www.jobtrack.co.uk
www.uk.plusjobs.com

www.jobchannel.tv
www.jobpilot.co.uk
www.jobsite.co.uk
www.jobwatch.co.uk
www.planetrecruit.com/channel/int
www.thebestjobs.co.uk
www.totaljobs.com/jobseekers/totaljobs.asp
www.awe-recruitment.freeserve.co.uk
www.jobsearch.co.uk
www.jobsite.co.uk
www.netjobs.co.uk

La página principal de los Job Centres de Gran Bretaña (todos tienen su propio sitio) es www.jobcentreplus.gov.uk.

## Periódicos británicos que publican ofertas de empleo

http://jobs.guardian.co.uk
http://media.guardian.co.uk/presspublishing
www.bbc.co.uk/jobs/expired54941.shtml
www.independent.co.uk
www.scotsman.com
www.telegraph.co.uk/portal
www.timesonline.co.uk
www.dailynewspaper.co.uk
www.mirror.co.uk
www.theherald.co.uk

www.pressgazette.co.uk
www.southerncross.co.uk
www.tes.co.uk/your_career/joblinks
www.belfasttelegraph.co.uk
www.economist.com
www.newspapersoc.org.uk
www.sunday-times.co.uk
www.thesun.co.uk

## Direcciones para buscar trabajo en Estados Unidos

www.ajb.dni.us
www.careerfair.com
www.careerbuilder.com
www.careerpath.com

www.bestjobusa.com
www.careermosaic.com
www.careermag.com
www.careerplanit.com

www.careershop.com          www.careers-in-business.com
www.cweb.com                www.eirc.org/career.html
www.employment.com.au       www.headhunter.net
www.interbiznet.com         www.joboptions.com
www.jobtrack.com            www.jobweb.com
www.uscareers.com


# Los periódicos más importantes de Estados Unidos

Todos estos periódicos tienen su propia página web y proporcionan vínculos entre ofertas y demandas de empleo. Para acceder a ellos, basta con utilizar un motor de búsqueda e introducir el nombre del diario que se desea consultar.

| | |
|---|---|
| ABCNEWS.com | Atlanta Journal-Constitution |
| Baltimore Sun | Boston Globe |
| CBS News | CNN |
| Chicago Sun-Times | Chicago Tribune |
| Cleveland Plain Dealer | Dallas Morning News |
| Detroit News | Florida Times-Union |
| Fox News | Honolulu Star Bulletin |
| Houston Chronicle | Indianapolis Star and News |
| International Herald Tribune | Kansas City Star |
| Las Vegas Sun | Los Angeles Times |
| MSNBC News | Miami Herald |
| Milwaukee-Journal Sentinel | Minneapolis-St. Paul Pioneer Press |
| Minneapolis-St. Paul Star Tribune | New York Newsday |
| New Jersey Online | New York Times |
| New York Daily News | Orlando Sentinel |
| New York Post | Pittsburgh Post-Gazette |
| Philadelphia Inquirer, The | Sacramento Bee |
| Rocky Mountain News | Salt Lake City Tribune |
| San Antonio Express-News | San Diego Union-Tribune |
| San Francisco Chronicle | San Francisco Examiner |
| Tampa Tribune | USA Today |
| Washington Post | Washington Times |

# ÍNDICE DE PROFESIONES CON EJEMPLOS DE CURRÍCULOS

# ÍNDICE

www.ingramcontent.com/pod-product-compliance
Lightning Source LLC
Chambersburg PA
CBHW071550200326
41519CB00021BB/6686